Hotel Banquet

一本书读懂宴会酒店创新与盈利

宋伟 著

中华工商联合出版社

图书在版编目（CIP）数据

一本书读懂宴会酒店创新与盈利 / 宋伟著. -- 北京：中华工商联合出版社，2024.10. -- ISBN 978-7-5158-4125-0

Ⅰ．F719.2

中国国家版本馆CIP数据核字第2024BG5439号

一本书读懂宴会酒店创新与盈利

作　　　者：	宋　伟
出　品　人：	刘　刚
图 书 策 划：	蓝色畅想
责 任 编 辑：	吴建新　林　立
装 帧 设 计：	胡椒书衣
责 任 审 读：	付德华
责 任 印 制：	陈德松
出 版 发 行：	中华工商联合出版社有限责任公司
印　　　刷：	三河市九洲财鑫印刷有限公司
版　　　次：	2025年1月第1版
印　　　次：	2025年1月第1次印刷
开　　　本：	710mm×1000mm　1/16
字　　　数：	180千字
印　　　张：	13.5
书　　　号：	ISBN 978-7-5158-4125-0
定　　　价：	56.00元

服务热线： 010-58301130-0（前台）

销售热线： 010-58302977（网店部）
　　　　　　010-58302166（门店部）
　　　　　　010-58302837（馆配部、新媒体部）
　　　　　　010-58302813（团购部）

地址邮编： 北京市西城区西环广场A座
　　　　　　19-20层，100044
http://www.chgscbs.cn

投稿热线： 010-58302907（总编室）
投稿邮箱： 1621239583@qq.com

工商联版图书
版权所有　盗版必究

凡本社图书出现印装质量问题，
请与印务部联系。
联系电话：010-58302915

推荐序一

看完宋伟的新作《一本书读懂宴会酒店创新与盈利》，颇有一些感慨。

作为一个新的产业形态，宴会酒店是十几年前才出现，并迅速成为风口产业的。严格地说，从行业分类、属性、机制、名称、运营方式、内容架构等方面，宴会酒店尚无统一之规，标准也众说不一。而《一本书读懂宴会酒店创新与盈利》直击宴会酒店创业者的需求，从行业、市场环境、定位、设计、建设、营销、运营、创新等方面一一做了阐述和分析，所以这本书的面世，在很大程度上解决了困扰大家的诸多问题。全书内容既有案例陈述，也有原理解析；既有标准列举，也有数据支撑；既有避坑指南，也有盈利策略；更有对宴会酒店行业远征之旅的探索与预测。

本书通俗易懂，直击核心，层次鲜明，实操性强。我相信，无论是资深从业者，还是新晋选手，都能从书中获得启发与思考。

中国社会艺术协会婚礼艺术专业委员会名誉主任　史康宁
2024 年 5 月　北京

推荐序二

"国以民为本,民以食为天",人类生存的第一个条件是果腹,文化发展的前提也是物质富足。我国筵席文化自有文字记载的"钧台之享"以来,就随着经济的发展、社会的进步而不断地发展变化。

宴会具有聚餐人数多、消费标准高、菜点丰富且制作精致、讲究进餐礼仪、气氛隆重热烈、讲究接待流程等特点。同时,它又兼具社交性、科学性、礼仪性、规格化、艺术性、技术性和时间性。在现代酒店、饭店的经营收益中,宴会承办占有十分重要的地位。

得悉弟子宋伟同志近些年投入餐饮宴会领域进行探索和研究,我感到十分欣慰,并一直予以关注。宋伟早期曾在教育领域从事酒店管理与经营方面的教学工作,具备了一定的系统知识,加之多年来在酒店经营与管理方面勤耕不辍、精业笃行,为他编写此书奠定了坚实的基础。

近日宋伟专程到我办公室会面长谈,所谈内容均为他书稿所涉,并在最后提出请我为该书作序。细阅全书之后,还是略有所惊,内容从宴会酒店的选址定位到建设筹备、从厅内建筑设计到空间设计布局、从前厅布局风格确定到厨房设计规划、从店面运营到管理控制、从市场营销到品牌建设、从团队建设打造到绩效管理、从智能化管理到市场收益分析、从成本控制到盈利分析……可以说是全面且客观。能写出此等水平实属不易，因为它涉及经济学、市场营销学、消费心理学、建筑设计、统计学、烹饪学、管理学、美学等诸多领域和学科。可以说，此书是宋伟这数年来在实践中的深思和经验之汇编，理论与实践紧密结合，具有很强的指导性和实用性。相信《一本书读懂宴会酒店创新与盈利》的出版一定会对从事餐饮行业的管理者、实践者有益。

作为本书的第一个读者，应作者的要求，写了这篇短文，提出一些肤浅的看法，希望大家指教。

河南省餐饮与住宿行业协会副会长兼秘书长　宋春亭

2024 年 5 月　郑州

前　言

　　宴会酒店发展到 2024 年，已经是一个成熟的酒店服务类细分商业体。让人匪夷所思的是，它的高速发展期竟然在 2019—2023 年，其中经历了三年的疫情。这样的商业现象，用任何一种经济学逻辑都无法解释，这也恰巧诠释了经济学的规律：先有商业现象，再有经济学理论。林毅夫先生在《论中国经济》一书中讲道，欧洲工业革命之后，世界经济中心位于英国，世界经济以英国为指导，那一时期的经济学著作，大多出自英国经济学家；一直到第二次世界大战之后，世界经济以美国为中心，这一时期的经济学著作，则大多出自美国。因为只有某一区域出现了经济现象，才会形成经济学理论。中国宴会经济的发展，在经历了三年封控后依然迸发出这样的活力，也只有以中国新兴市场为催化剂，并在中华传统婚嫁文化底蕴之上，才可以绽放这样的商业之花。这种情况下，如此匪夷所思的商业现象，才能得以合理的解释。

　　在宴会酒店的发展中，总有些明亮的时刻寄托着无数业内人士的憧憬。如今，宴会酒店业似乎正迎来自己的春天，这个行业在众多投资者的眼中变成了一个充满机遇的领域，但这个黄金时代真的到来了吗？看似每一个风口都有无限商机，但当浪潮退去，总有人满载而归，也有人折戟沉沙。

从宴会酒店、婚礼堂的全民消费热潮来看，市场的喜好与消费观念正在经历一场深刻的转变。此时此刻，正是策略和机遇并重的战略阶段，只有深刻理解时代的变迁和老百姓的需求，才能在这个领域中获得一席之地。本书便是在这样的时代背景下，试图描绘宴会酒店与婚礼堂未来发展的蓝图。

婚礼堂成为酒店服务行业的新风口。这不仅是因为它与全民消费的潮流相符，也因为在这里新型的消费观念得到了体现。快捷酒店业务的蓬勃发展和小型餐饮风口的涌现，预示着潜在的可能性与利润空间。但这些都是一种时代给予的红利，一种在特定社会经济背景下的自然衍生品。

宴会酒店行业的确迎来了自己的盛宴时刻。这个时代给了我们土壤，为我们的创新和发展提供了充足的阳光和水分。在时代的浪潮下，从高端会所向民众化的宴会市场转型，把全民餐饮消费推向了商场和综合体，也让更多人有机会和动力参与其中。而现在，更多人愿意为生活中的仪式化时刻支付费用，他们寻求便捷和高品质服务，希望无需过多操心即可得到满意的体验。

在这个时代的"恩赐"下，我和许多行业同仁一起见证了酒店餐饮行业的快速变迁。尽管变革中并非人人都能成功把握风口，比如餐饮业的转型潮流中有人赚得盆满钵满，也有人最终退出赛道，但对于婚礼堂与宴会酒店而言，机会依然广阔。因为无论是在大城市还是小乡镇，人们对于结婚和宴席的需求和预期都在上升。

本书是对宴会酒店与婚礼堂领域内的策略、创新和盈利模式的深入剖析。相信通过阅读本书，无论是已经踩在风口浪尖的老手，还是正在谨慎观望的新手，都能找到宝贵的市场信息和经营智慧，从而在这个领域中找到属于自己的立足之地。让我们携手在这个黄金时代中前行，用智慧和努力开创新的商业传奇吧。

目 录

第一章　匠心筑梦：宴会酒店筹建的首要步骤

第一节　核心解密：筹建宴会酒店的关键要素 / 3

第二节　设计规划：宴会酒店的灵魂所在 / 15

第三节　锁定风格：突破中式厅复制的障碍 / 28

第二章　市场瞳孔：解密市场竞争与未来趋势

第一节　市场内卷：宴会行业的危与机 / 39

第二节　区域差异：地域化战略的制胜之道 / 48

第三节　风口探测：升级战略面对未来挑战 / 57

第三章　营销战场：全方位驾驭宴会酒店的策略

第一节　营销体系：构建宴会营销的精密系统 / 69

第二节　销售团队：打造宴会业务的精英部队 / 80

第三节　订单猎手：抓住流量与订单的秘诀 / 91

第四节　预售筹码：前瞻性营销的招牌动作 / 99

第四章　运营密码：提炼宴会酒店管理精华

第一节　管理驾驭：老板视角下的战略着力点 / 107

第二节　操作升级：闭环完善宴会酒店的运营差距 / 113

第三节　绩效之剑：升华运营能力和绩效管理 / 121

第五章　创新灵魂：宴会菜品与服务创新

第一节　掌控质量：菜品设计的创新思维 / 129

第二节　服务革新：宴会服务的提升 / 136

第三节　主题震撼：标志性厅堂的灵感汲取 / 144

第六章　天平两端：宴会酒店的盈利模式与风险控制

第一节　盈利构架：透视宴会酒店的财务脉络 / 153

第二节　投资智囊：投资回报的精密策略 / 159

第三节　定价智慧：构筑宴会厅的价格之刃 / 169

第四节　危机预防：宴会酒店风险管理 / 177

第七章　眼界与足迹：探索并预测宴会酒店的远征之旅

第一节　发展猜想：预测宴会酒店的跃进路径 / 189

第二节　自由学院：开放性学习的实践 / 199

Hotel Banquet

第一章 匠心筑梦

宴会酒店筹建的首要步骤

第一节　核心解密：筹建宴会酒店的关键要素

一、筹建五要素

要建立一家宴会酒店并使其成功，从构思到开业的全过程都要深思熟虑。以下五个因素对宴会酒店的成功开办至关重要：了解市场、选择场地、制订计划、完善细节和营销推广（如图1-1所示）。我们现在就来逐一探讨这些要素。

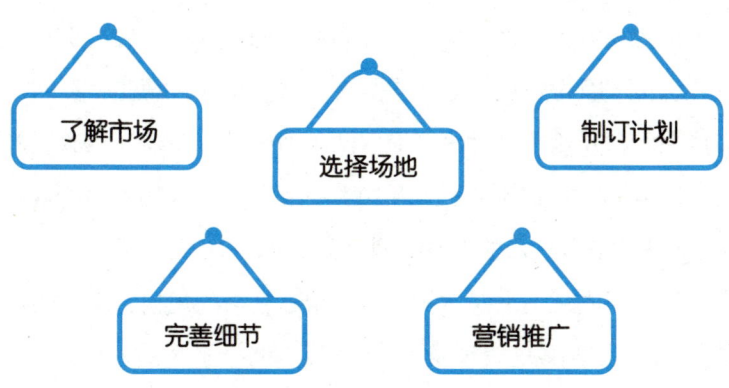

图1-1　宴会酒店成功开办的五个重要因素

1. 深入了解当地市场。这不仅包括了解城市中心区域的人口数量和他们的婚宴消费能力，还要研究除婚宴外其他主要的宴会类型，以及本地居民的消费观念和他们举办宴会的关注点。此外，还需要调查当地人过去在哪里举办宴会，他们为何要选择你的酒店，以及如果你的酒店开业后有新的竞争者出现，你将如何应对。这都需要对市场进行细致的调研和分析。

2. 选择合适的场地。场地的位置、大小、形状、高度和结构都会影响宴会酒店的运营。在确定场地之前，应该制订一份详细的预算表，甚至编制一份商业计划书，以确保投资的合理性和可行性。

3. 制订详细的工作计划和时间表。这将有助于更好地控制工程进度和预算，并协调各种资源。如果资源协调不当，单靠个人的力量难以保证项目的顺利进行。因此，合理的时间管理和资源分配对于项目的成功至关重要。

4. 完善细节和设计服务。每个环节都需要精心规划，从场地布置到餐饮服务，从接待客人到客人离店的全过程。其中细节包括婚车的停放、宾客上楼的动线、新娘的出场方式、仪式与场景的结合、菜品的传递、上菜速度和温度的控制等，这些都是确保顾客满意的关键要素。

5. 不可忽视营销和宣传推广。建立酒店的过程中，最关键的是如何提前进行宣传，因为婚宴场地通常需要预订。例如，湖北蕲春的禧合酒店在装修期间就开始预售，尽管提前两个月开始有些晚，但通过团队的努力，最终实现了每个宴会厅预售20场的目标。这表明，提前规划营销策略对于确保酒店开业后的即时盈利至关重要。

宴会酒店的成功不是偶然的，而是依靠精密的规划、深入的市场洞察、出色的设计、高效的管理及有效的营销策略。避免踏入常见的陷阱，并且对潜在的问题保持高度警觉，宴会酒店的运营才能长盛不衰。

老宋有话说

新手开店如同小马过河

对于新手而言，开设宴会酒店就像小马过河，需要谨慎考虑，并征询正确的意见。在寻求建议时，你可以优先考虑这两类人。

第一，经验丰富的宴会酒店老板。这类人士拥有认知、能力和团队，并且已经在行业中获得了成功。他们就像小马过河故事中的老牛，会告诉你宴会酒店的生意是可行的。但关键在于，你需要咨询的是那些与你不存在直接竞争关系的人，这样他们的建议才更可能是客观和真诚的。

第二，缺乏优势但已尝试的业内人士。这类人士可能在宴会生意中没有太多优势，但他们已经尝试过，也可能经历了失败。他们会告诉你关于宴会和婚礼堂生意的风险和困难，甚至是自己的失败经历。

同时，你也需要避开这两类人。

第一，没有经验的人。那些从未涉足这一行业的人，无论他们的影响力如何，都不可能提供有价值的实践经验。

第二，可能从你的投资中获益的人。例如，有自己的设计公司、装修公司或运营团队的人，他们会因为与你合作而获得利益，因此他们的建议可能带有偏见。

作为新手，你应该寻找那些经验丰富且没有利益冲突的人士的建议，同时自己也要做好充分的市场调研和风险评估。这样，你才能像小马过河一样，稳妥地踏入宴会酒店行业。

二、开店三关键

在宴会酒店行业，开设一家成功的店铺涉及多个关键因素，但其中最重要的可以概括为硬件条件、团队认知和销售能力。

硬件条件是宴会酒店成功的基础。假设在一个拥有30万人口的城市中，有多家一站式酒店互相竞争，硬件设施的排名就至关重要。如果一家酒店的硬件条件不能保持在前三名之内，即使拥有最优秀的运营团队，也难以挽救其业绩。相反，如果酒店的硬件设施排名第一，即使没有第三方运营团队的帮助，也能保持业务的蓬勃发展。硬件条件包括酒店的建筑质量、装修风格、宴会厅的规模和布局、音响灯光设备等，这些都是吸引顾客的重要因素。

团队认知也是宴会酒店成功的关键。一家酒店的运营模式需要与全国主流宴会酒店的模式保持一致，即餐饮和婚庆服务全部自营。这种模式有助于确保服务质量和客户满意度，从而提高盈利能力。如果酒店选择将婚庆、餐饮或婚纱礼服等服务外包，那么业务的成功可能只是偶然的，而利润减少则是必然的。因为不同团队之间会存在沟通不畅和服务标准不一致的问题，这会直接影响顾客的体验和酒店的口碑。

销售能力是宴会酒店盈利的核心。硬件条件和团队认知是基础，而婚礼销售能力则是实现盈利的关键。一家宴会酒店的主要收入来源是举办婚礼，只要能够保证每年在一个宴会厅举办的婚礼不少于 60 场，酒店就有很大的盈利空间。为了实现这一点，酒店需要有一个专业的销售团队，他们了解市场动态，能够有效地推广酒店的服务，并吸引新人选择自己的酒店作为举办婚礼的场所。

宴会酒店要想成功开店并盈利，必须重视硬件设施的建设和维护，确保团队对市场和运营模式有正确的认知，以及加强销售能力，特别是婚庆销售的能力。只有这三者相辅相成，才能在竞争激烈的市场中脱颖而出，实现持续的盈利。

小县城里的酒店

爱伊堡酒店的成功案例展现了宴会市场在小县城的巨大潜力。这家坐落在山东微山的酒店之所以能在人口仅 10 万的县城里吸引超过 65% 的新人举办婚礼，关键在于它恰到好处地解决了顾客的核心需求。

> 爱伊堡酒店提供的是一种体面而省心的解决方案，它规模够大，能够为家庭提供足够的位置，同时满足了新人简约美观的审美要求。宴席和婚庆服务的一站式体验，为新人省去了许多筹备婚礼的麻烦，既省心又省钱。
>
> 酒店有多个不同风格的宴会大厅。在一间红色调主导的大厅里，主舞台背景使用了透明屏，配合灯光效果，显得炫目迷人。而金色厅彰显了稳重与奢华，其大型屏幕吸引着每一位宾客的目光。蓝色厅则利用电子屏装饰了侧面和顶面，科技感十足。除此之外，酒店还设有两个小厅，以满足不同规模宴会的需求。

三、把握五大核心竞争力

宴会酒店行业在未来将面临激烈的竞争，而某些核心竞争力将决定一家宴会酒店的成败。我们可从五个关键领域去探讨宴会酒店能够持续领先的秘诀（如图1-2所示）。

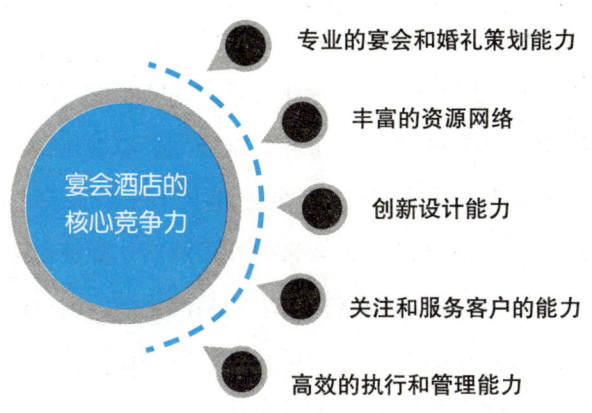

图1-2 宴会酒店的五个核心竞争力

1. 专业的宴会和婚礼策划能力。在当今多样化和个性化需求日益增长的市场环境下，提供量身定做的一站式宴会和婚礼策划服务变得尤为重要。这包括了对婚礼场地的优化推荐、精心准备的餐饮服务、别出心裁的婚礼仪式设计，以及迎宾区的个性化布置。所有的这些服务必须紧密联系，确保整个婚礼的一致性和独特性。

2. 丰富的资源网络。宴会酒店需要能够提供广泛的服务人员网络，包括婚礼主持、摄像摄影团队、跟妆师，以及其他相关服务人员，以此满足不同新人对于高水平的服务要求。此外，负责婚车租赁、礼服搭配、表演团队等外围服务的资源网络同样关键，能够为宴会酒店增光添彩。

3. 创新设计能力。宴会酒店必须拥有一支能跟随时尚潮流、同时创意无限的设计团队。无论是现场搭建舞台、婚礼仪式的流程，还是客人的特别要求，专业团队需灵活应对，确保每一个环节都足以让人印象深刻。当内部资源无法满足特殊需求时，宴会酒店应有能力调动外部资源以支持大型项目。

4. 关注和服务客户的能力。宴会酒店需要细致入微地关注客户体验，提供质量上乘的服务。从服务团队提供的 24 小时客户服务，到及时解决问题与满足需求的能力，这些细节处能体现酒店的专业和关怀，使客人在宴会和婚礼中享受到无与伦比的体验。

5. 高效的执行和管理能力。一个专业的婚庆团队不仅要能高效地管理团队，还需确保宴会和婚礼的每一个环节都能高标准地执行。只有当每个细节都被妥善处理时，客人的整体体验才能上升到新的层次。

在这五大核心竞争力的支持下，未来的宴会酒店才能够在纷繁复杂的市场中稳固其立足点。无论是对客户需求的精准把握、创意设计的创新思维，还是服务质量的持续提升及管理执行的效率化，都要求宴会酒店不断追求卓越，力求打造出最完美的宴会体验。这不仅体现了一家宴会酒店的硬实力，更是长期积累的品牌价值和服务文化的集中体现，从而巩固其在市场竞争中的领先地位。

> **老宋有话说**
>
> ## 入局婚礼堂行业的三个要素
>
> 1. 筹集资金的能力。宴会酒店是个成本高昂的产业，初期需要的投资往往多达数百上千万元，对于大多数刚入行的老板而言，这是一个不小的挑战。然而，凭借良好的信誉和广泛的人脉网络，他们往往能够筹集到必要的资金。拥有获取资金的能力是开展婚礼堂业务的第一个，也是最基本的条件。
>
> 2. 组建团队的魅力。无论是厨房服务、管理工作，还是婚庆销售，这些重要部门的负责人很难仅通过常规渠道招募到。因此，很多时候团队构成中都会包含1~2名合伙人。对于老板而言，能够吸引志同道合的伙伴加入，共同承担创业的风险与成果，是成功的关键因素。团队的凝聚力和成员的合作精神，很大程度上会影响到婚礼堂业务的质量和效率。
>
> 3. 做成事情的魄力。任何商业活动都存在风险，勇于面对和处理问题的决断力是成功的第三个要素。具有强大魄力的人，往往能在风险面前保持镇定，制订应对策略。老宋认为，有备无患的行动才是探险，是建立在充分准备和评估基础上的大胆尝试。而没有任何准备和保障的冒进则是鲁莽行为，这种无畏冒险的精神虽然值得肯定，但在商业实践中却应尽量避免。

四、开店的"三可仿"与"三不可仿"

在宴会酒店这个竞争激烈的行业中，抄袭往往被视为一条捷径，但这条路并不可取，更可能成为把酒店业务拖入深渊的罪魁祸首。开设一家宴会酒店，需要创新与敬畏并重的心态，这样才能走出一条成功的路。下面所说的"三可仿"与"三不可仿"便是经验丰富的前辈们提供的黄金准则。

我们首先来探讨"三可仿"。在宴会酒店的设计和运营过程中，宴会厅的风格、空间布局与动线流畅性，以及运营模式都是可以借鉴和超越的元素。这些方面是业界先驱在长年累月的实践中,通过无数次的摸索和优化最终总结出来的宝贵经验。这就好比一幅精心绘制的地图,指引新人避开隐患、顺利前行,这些也是整个行业愿意共享的财富。

而与之相对的"三不可仿"则关乎宴会酒店的道德和形象,你必须避免去触碰。第一个禁忌是名字;第二个禁忌是酒店的外立面装修;第三个则是工作区的专属装修风格。这些都是宴会酒店的个性标识,都是独一无二的,蕴含着创始人的血汗和智慧,不能轻易去模仿。以海底捞火锅店为例,这个品牌因为其独特的服务和管理模式而闻名,但如果你想要复制海底捞的成功,做出了类似的"湖底捞",这无异于走进了一个尴尬的抄袭陷阱。负面的公共印象可能会让你的努力付诸东流,简单的模仿不仅缺乏创新性,更会让人觉得低劣,导致公众形象受损。相比之下,巴奴火锅以其对海底捞的巧妙模仿而被赞赏,它不是空洞的复制,而是在尊重原创的基础上进行的自我突破。

总而言之,想要在宴会酒店行业中站稳脚跟,不该是一味跟随,而应是在敬畏前辈的同时,寻找自己的特色和定位。智慧性的借鉴结合自身的创新,才是走向成功的真正道路。引领自己的品牌不断向前,创造出别具一格的企业文化和服务理念,这样才能在顾客心中留下深刻印象。最终,那些真正核心的价值——创新、质量和精细服务,将成为宴会酒店持续成功的不竭动力。

什么人适合进入宴会酒店行业

即使没有餐饮或婚庆行业的经验,只要具备以下三种核心能力,任何人都有潜力在宴会行业中获利。

1. 理解盈利逻辑。入行的首要任务是理解宴会酒店的盈利机制。这涉及对行业的深入了解，包括成本结构、收入来源及利润最大化的策略。例如，了解如何通过餐饮服务、场地租赁和增值服务来赚钱。有时候，一个简单的启发就能让你豁然开朗。

2. 掌握运营管理。第二个关键是能够处理宴会酒店的日常运营。这不仅仅是管理餐饮和厨房，还包括软装设计、客户服务和婚庆销售。老板们需要自己掌握这些技能，或者能够聘请专业人士来管理这些关键领域。

3. 做出正确决策。最后，成功的关键在于做出正确的决策。这意味着投资于合适的人才和资源，以提高效率和盈利能力。例如，雇用有经验的婚庆销售专家可以大大提升预订率和客户满意度，从而增加收入。

五、较高出厅率的关键所在

成功的宴会酒店，其选址策略是其兴旺的关键。较高的出厅率并非偶然，而是经过精心筹划的必然结果。如何保证选择的地址能够最大化出厅率？一个理想的选址策略，应当考虑地理位置、周边环境、营运空间、停车场的便利性、外观展示面、合理的房租成本（如图1-3所示），这样才能给酒店带来较高的出厅率。这样全方位的考虑与筹划，是确保宴会酒店能够长远经营的强大基石。

1. 地理位置。地理位置合理才能保证优异的出厅率。宴会酒店需要开办在客户集中频繁活动的地带，时间成本和交通可达性是考量的重点。优选的区域通常是人流密集、交通便捷的商业圈或文娱中心，引导更多潜在消费者发现，并选择自家酒店。

在考量地理位置时，对周围同行竞争程度的审慎评估不可或缺。选择一个需求相对旺盛，同时竞争对手较少的地区，可以让宴会酒店更容易成为焦点，而不是在众多选项中迷失方向。一般来说，酒店应位于市区外环以内，既方便市区客户，也能吸引郊区客户。

图1-3 提高出厅率的选址策略

2.周边环境。除地理位置外，周边环境的质量对消费者的吸引同样至关重要。一个繁华的商业区、环境雅致舒适的社区，以及安全稳定的治安情况，都是对宴会酒店吸引力的无声加分。这些外围因素能够给客户增添一份信心和安全感，同时也能提升宴会酒店的品牌形象，打造氛围感十足的用餐体验。

3.营运空间。实际营运空间的大小是确定宴会酒店能承接活动规模的关键。一个宽敞的宴会酒店不仅能满足大型活动需要，也能在日常营运中提供更灵活的布局变换，从而满足不同活动的场地需求，增加出厅率。如果条件允许，酒店营运面积应在3000平方米以上，最理想面积为5000~6000平方米，以形成规模优势。

在实际经营中，宴会厅的尺寸设计需要兼顾实用与美观。关于单个宴会厅的宽度，较为常见的是18米宽，这样的宽度适合四五百平方米的厅堂，可容纳二三十桌，空间感舒适。对于面积超过600平方米的宴会厅，宽度建议为24米，避免过长影响视觉美感。18米宽的厅堂适宜摆放四排桌椅，而24米宽的则适宜六排，确保中间留有足够的空间设置T台且不妨碍上菜。宽度至少应保持这样的标准，再窄则不利于服务流通。若宽度过大，虽有利于设置"S"形T台，但会增加不必要的装修成本。

层高的合理配置充分影响着宴会酒店内部的视觉感受。适当的层高不仅能为宴会活动创造更为开阔的视野，为各类装饰和灯光设计提供足够的空间，还能在心理层面上给人以更为宽松和舒展的感觉。尤其对于拟举办大型宴会或重要商务会议的客户而言，宴会酒店的层高可谓重中之重，直接关系到活动的奢华程度和专业形象。酒店宴会厅的层高6米即可满足基本需求，而8米层高更为理想，尤其适用于面积较大的宴会厅。但除非面积达到1000平方米，否则过高的层高可能会显得不太协调。

4. 停车场的便利性。确保停车的便利性是宴会酒店成功的关键之一。当宾客驱车而来时，如果寻找停车位不方便，会大大影响他们的心情，甚至可能导致他们放弃到访，因此，宴会酒店一定要确保有足够的停车空间满足客户的需求。停车场的设计要合理，动线要清晰，确保客户能够快速且方便地泊车和离开。此外，对于那些特殊的宾会或高端活动，提供代客泊车服务可能会给客户留下更深刻的印象，并有助于提升整个酒店的形象。

5. 外观展示面。宾客的第一印象来源于酒店的外观展示面。一个设计吸引人且易于识别的宴会酒店门面及招牌，直接影响着吸引路过客群的能力。这不仅是宴会酒店文化传播的窗口，也是吸引客流的重要手段。在设计时，应结合酒店的品牌形象和文化特色，使其对宾客充满吸引力，能够在众多竞争对手中脱颖而出。

6. 合理的房租成本。成本控制对于提升宴会酒店的盈利能力至关重要，而房租费用通常是最大的成本组成部分之一。最好找到一个性价比高的地段，这会直接关乎宴会酒店的短期和长期财务状况。商家在选址时，不仅要考虑到场地的实际用途和潜在收益，还要权衡位置、规模与租金成本之间的关系，以确保能够获得最大的回报。总房租平均分摊到每一个厅的费用不超过 20 万元，才能维持成本优势。

提升出厅率是宴会酒店追求的目标之一，这代表着更高的资源利用效率和更佳的营业收入。要实现这一点，酒店必须从停车便利性、展示面吸引力和成本控制等各个方面进行战略规划。酒店运营商还需从市场策略、服务质量、宣传推广等多个维度出发，确保每个环节都能够协同作用，促进整个酒店业务的持续健康成长。通过优化这些方面，宴会酒店不仅能提升顾客满意度，同时也能在市场中增强自身的竞争力，从而实现长期的盈利。

为什么劝粉丝放弃开店

一个粉丝要开一家宴会酒店，向我发来他选的物业。经过评估，位置、层高、面积、租金是样样都合格，就一个缺点，就是 5000 平方米的房子却只能出三个婚礼堂。就此，老宋给出两条评估意见，让他果断放弃。第一，租金是按 5000 平方米交的，主要挣钱的却只有三个婚礼堂，因为厅少面积大，所以经营中房租占比会比较高，结果就是利润过低。第二，装修投入是按总面积计算的，不管能出几个厅，装修花钱却是一平方米也省不了，这就导致虽然只有三个厅，装修投入却省不下来，结果就是利润低，而且装修投入高。

第二节 设计规划：宴会酒店的灵魂所在

一、规划先行

宴会酒店是否能够赚钱，以及盈利额度的高低，往往在规划阶段就已经有了一个大致的轮廓。如果你正处于筹备阶段，以下几个方面的建议或许能为你的宴会酒店规划提供指导，助你充分挖掘盈利潜力（如图1-4所示）。

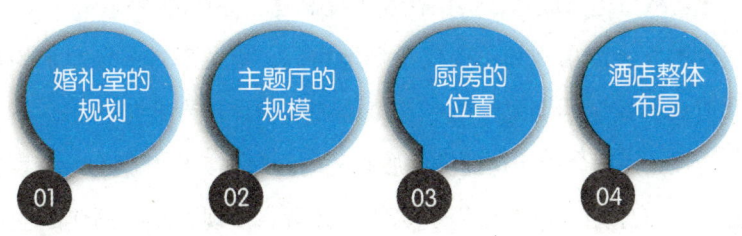

图1-4 宴会酒店规划的四个重点方面

1. 婚礼堂的规划。因为婚礼花费是宴会酒店的最大收入来源，所以婚礼堂的规划至关重要。在设计婚礼堂时，要以时尚和简约为主题，结合舞台、T台等固定元素优化新娘的出场体验。同时，要精心布置迎宾区和提供灵活的主副舞台背景，为定制化婚礼服务预留足够空间。避免过度的传统硬装，因为这意味着更高的成本、较低的效率，并可能延误其他盈利机会。我个人有过这样的经历，深知不合理规划会导致多大的损失，这样的错误绝不再犯。

2. 主题厅的规模。在宴会酒店规划中，主题厅的规模设计需以当地的主流桌数为基础。一般来说，拥有 1.5 倍于主流桌数规模的大厅可以考虑开设一个，但规模再大就不易经营了。因为过大的厅使用频率低，同时，两个中等规模的厅往往能比一个特大厅带来更多收益。至于包间和小型宴会厅的数量，则需根据当地市场需求进行灵活规划。

3. 厨房的位置。毋庸置疑，厨房的位置应靠近主题厅，以便于高效运营。对于那些与主厨房相距较远的厅，务必规划 100 平方米左右的分厨房，专门负责热菜的制作。不论是主厨房还是分厨房，对于出菜通道的设置应兼顾顾客隐私，避免顾客直视，维护餐饮服务的专业形象。

4. 酒店整体布局。如果你的酒店同时经营散客，并提供日常营业服务，合理的布局会使得你能有效节约成本。最理想的规划是把主厨房、包间、小宴会厅及大堂配置在相近的区域。这样做的优势在于，婚礼淡季时，你可以在人力和能耗方面节省约 1/3 的开支。这样的节约策略，实施起来能够显著减少运营成本，实实在在地提高宴会酒店的盈利率。

成功的宴会酒店规划不仅仅是场地布局，更关乎对市场需求的精准理解和对成本控制的细致考量。在每个细节中体现专业与匠心，不断优化运营流程，让宴会酒店在提供优质服务的同时，实现健康的财务表现。记住这些规划原则，灵活运用于实践，你就会发现，宴会酒店的盈利目标并非遥不可及。

装修过宴会酒店的人才知道的三个真相

1. 挑选供应商。对于婚礼堂老板来说，挑选供应商是一个要依靠经验和口碑的重要决策。无论市场上的评判标准如何多样，老板们给出的评价往往出奇的一致，这说明供应商在服务和质量上的稳定性对老板至关重要。业内同行的看法可能囊括了更多专业细节，但直接客户的满意度才是决定供应商是否合格的真正标准。应用这一原则，无论是在设计、装修，还是技术选择上，婚礼堂的老板们总能找到最合适的合作伙伴。

2. 设计的核心要素。专业的婚礼堂设计围绕三大核心进行：品牌定位的设计策划、平面功能的布局规划，以及保证后期运营的科学性。品牌定位不仅涉及婚礼堂的命名和外观风格，还包含了其市场定位和目标群体。而平面布局则是确保功能区域合理分配，方便后期的日常管理和运营。可见，这两项工作就占据了全案设计工作量的80%，其重要性不言自明。

3. 宴会酒店的平面规划。一个精心设计的平面布局是宴会酒店成功经营的基础，以下六个方面尤为关键。

（1）接待厅：大小为两三百平方米，既可以避免过于拥挤，也不会显得空旷。

（2）宴会厅：宽度宜为18~24米，过窄或过宽都会影响餐桌布置和服务流程。

（3）主走廊：合适的长度不超过30米，高度控制在6米内，宽度至少4米。若走廊更长或更高，则需适当增宽以确保舒适流畅。

（4）新娘化妆间：需要在每一个主题厅的尾部设计一个至少20平方米独立且与厅内相连的新娘化妆间。

（5）厨房：根据宴会规模设有独立的凉菜、热菜、面点、粗加工、洗碗、备餐、分餐间及原料仓库的操作间。

（6）交汇区域：接待大厅、走廊的中转区及宴会厅的入口，都是人流量较大的区域。在这些节点，不仅空间需求要足够宽敞以避免拥挤，同时还要通过艺术景观增添美感，从而实现既不空旷又不拥挤的布局，并提升整体场所的艺术氛围。

二、如何选择设计团队

装修宴会酒店是一项精细和系统化的大工程，选择一个专业且靠谱的装修团队是项目成功的前提。设计团队的选择不仅影响着建筑的美观度和实用性，更关乎整个项目的可持续发展和最终的市场影响力。设计团队的选择可以从以下几个关键方面着手考虑（如图1-5所示）。

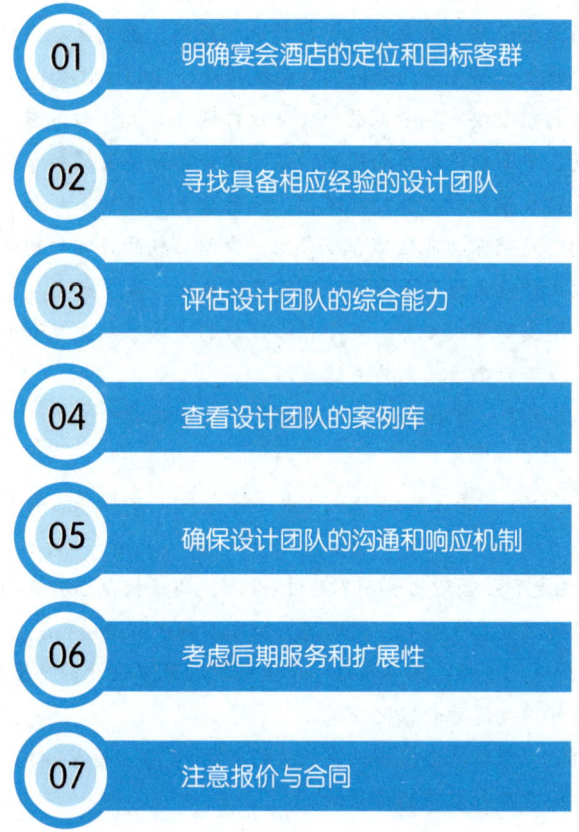

图1-5　选择设计团队的七个关键

1.明确宴会酒店的定位和目标客群。成功的宴会酒店项目始于明确而精准的定位。可以问自己几个问题：你的宴会酒店想要呈现怎样的氛围？是光彩照人的豪华宫殿，还是充满生活气息的温馨小屋？是希望成为顶级企业首选的商务活动场所，还是年轻情侣梦寐以求的浪漫婚宴地点？这些细节将决定你对设计风格、功能布局，乃至服务流程的要求。切记，每一种选择都应紧密贴合你的目标客群。

是为新婚夫妇追求独一无二的个性化婚礼？还是为企业提供高端的

商务宴会解决方案？目标客群的清晰设定不仅能帮助你更好地理解市场需求，也将指引设计团队落实你的宏图大业。

2.寻找具备相应经验的设计团队。在设计团队的选择上，过往的经验及成功案例尤为重要。你需要的是那些能够提供全面解决方案的队伍，他们的专长应包含但不限于空间规划、视觉美化、品牌塑造、环境营造等多个维度。一个有经验的团队，能够立刻洞察你的需求，提出创新性的意见和建议。他们了解如何将传统宴会酒店的元素转化为新潮流的设计，同时又能保持相关类别的专业性和实用性。这种设计团队可以帮助你的宴会酒店在市场中独树一帜，无论面对任何风格或科技的挑战，都能游刃有余地应对。他们能够将最新的市场趋势融入设计中，既满足现代消费者的需求，又能经受时间的考验，从而确保你的投资具有长远的价值。在寻找设计团队时，不妨查看他们的作品集，考察他们的行业口碑，甚至可以直接访问他们曾经经手的项目，以此评估其团队是否与你的宴会酒店愿景相契合。

3.评估设计团队的综合能力。在设计团队的选定过程中，审美和创新当然是不可或缺的，但这只是基础。为了确保设计的可执行性及项目的顺利完成，你还需要综合评估团队在实际操作中的工程能力，即看他们是否拥有将设计理念具象化，使其成为现实的技术和施工知识。此外，项目管理能力也至关重要，一个项目的成功往往取决于计划的制订与执行。一个有经验的团队会确保设计进度、施工调度与合作方的协调工作同步进行，且效率够高。而预算控制更是设计师团队必备功力，一个优秀的设计团队会在保证品质的基础上为你合理规划成本，避免资源的浪费，确保项目投入与收益的平衡。因此，在考量时不可忽略了这些关键的实操维度。

4.查看设计团队的案例库。你的宴会酒店是独一无二的，而你需要的正是一个可以体现这一特性的设计团队。通过研究团队的案例库，你不仅可以了解他们的设计风格，还可以评估他们在解决实际问题时的能力：他们的设计是否能够与客户需求完美契合？是否具备长远的市场竞争力？案例库中的项目与你的愿景相近吗？不同项目之间的多样性如何？这样的深入了解，将帮助你判断团队是否具备根据你的特定需求量身定制解决方案的能力。评估案例时还应该注意细节处理、材料应用及创新技术的融入，从而确保设计团队的实力符合你的期望。如果可能的话，实地走访他们以往做过的项目，和项目的业主交流，获取第一手经验分享，这些都将提供给你宝贵的决策信息。

5. 确保设计团队的沟通和响应机制。沟通是设计项目管理中的关键环节。一个有效的沟通机制可以保证你的需求被准确理解、项目状态实时更新，以及任何潜在问题的及时解决。你要确认设计团队是否建立了一套完善的沟通流程，包括定期的进度报告、可靠的联系渠道、快速的反馈系统和灵活的会议安排。这样在项目执行过程中，不仅可以及时调整和优化设计方案，还可以保障你在决策过程中拥有全部必要信息，从而做出最佳选择。同时，好的反馈改进机制也意味着设计团队愿意倾听客户的声音，与你一起深化和完善项目，确保最终交付成果符合甚至超过期望。

6. 考虑后期服务和扩展性。选择设计团队时，不应仅考虑项目当下的需求，还应关注团队是否能提供长期支持与后期服务。优秀的设计团队不应在项目完工后就切断联系。事实上，考虑后期服务，如维护、更新和技术支持等，是同样重要的。这可能包括对原有设计的改进、扩建，以适应业务的成长，甚至包括复制成功的设计概念到新的地点。此外，后期服务还意味着团队应对项目的可持续性负责，保证设计的实用性和持久性。一个真正关注客户需求和项目成功的设计团队会为潜在的扩展及成长提供策略与解决方案，帮助你的宴会酒店在未来几年内持续发展。因此，在选择设计团队时，你需要一个能够展望未来，与你一同成长的伙伴，而不仅仅是一个短期的服务提供者。

7.注意报价与合同。其他的注意事项还有，要注意设计团队的报价是否透明，以及合同是否规范，避免无底洞式的投入，你需要一个清晰明了的报价单。这包括了工程量计算的透明、材料单的详细和施工工艺的标准化描述。只有这样，你才有可能对报价进行对比和评估，防止被无理的高额费用束缚。合同要清晰规范，能让双方的权利与义务明确化。确保合同中包含了总工期、总金额、合同项目和费用清单等关键点。进场时间、付款节点、验收标准、尾款支付及售后服务等内容要详尽无误，防止任何潜在的误解和纠纷发生。

三类婚礼堂设计团队的优势

1.传统婚礼供应商。这类团队通常专注于婚礼堂的实体搭建，涵盖道具生产和场地设置。由于在行业中积累了丰富的建厅经验，传统供应商在实际操作流程和资源整合上占据优势。

3.设计师。设计师可细分为婚礼软装设计师和餐饮酒店硬装设计师。他们负责提供婚礼堂装修所需的各类设计图纸，包括平面图、效果图、施工图、雕刻文件，以及水电系统图、材料表和工程量清单。这些图纸与文件是将设计理念变为现实的蓝图，对建造婚礼堂过程中的每一个细节都至关重要。

3.婚礼堂全案设计机构。一个完善的婚礼堂设计不仅要有美观的外在，更要使内在运营高效。全案设计机构在婚礼堂设计中，尤为重视经营模型设计、品牌设计、平面功能设计和盈利能力设计等核心方面。此外，效果图、施工图、材料单、工程量、预算清单和施工监理等也是这类机构的标准服务内容。

三、动线规划

一家成功的宴会酒店,从顾客迈入大门的那一刻起,其精心设计的动线就开始承载着重要的使命——营造无忧的服务体验和难忘的第一印象。宴会酒店的动线设计主要在于以下几个区域(如图1-6所示)。

图1-6　宴会酒店动线设计的四个重点

1.入口与接待区的动线设计。第一印象是关键,宾客从步入宴会酒店的那一刻起,便开始感受到服务体验。因此,从停车场到入口的过渡,以及从接待区到宴会厅的引导,每个细节都需事先规划,确保动线自然、标识清晰、避免拥挤和混乱。例如,某家著名的宴会酒店,将停车场设计得与环境融为一体,引导宾客通过一个充满美感的林荫小径走向主入口;同时,装饰雅致的接待区不仅为宾客提供了快速高效的登记服务,同时还是一个优雅的等候空间;而通往宴会厅的路径上,墙壁上挂着艺术画作或照片,这些装饰品不仅反映了宴会酒店的品位,还能引导宾客沿途欣赏,顺利抵达目的地。这一连串的环节展现了酒店对于宾客体验重视的程度。

2.宴会厅内的动线流畅性。在宴会中,宾客的自在与舒适是至关重要的。在某次大型婚宴中,一流的宴会酒店工程师将宴会厅内部的动线细节做到了极致：从每个入口的设置到餐桌间的畅通走道，从台前照明到紧急出口的便利定位，都经过无数次的模拟和测试。以餐桌布局为例，不仅保证了宾客之间的私密对话空间，还能让服务人员在不打扰宾客的情况下，轻松穿梭于桌间，高效服务。如此的深思熟虑，证明了宴会酒店对于优质服务的不懈追求。

这样精心规划的动线，不仅提升了宴会的整体流畅度，也优化了顾客体验，并将服务质量提升到了一个新的水平。客人留下美好印象的概率大大增加，这反过来也加大了宴会酒店的口碑传播与客户回归率。动线设计虽为无形，却在宴会酒店的成功运营中，起着举足轻重的作用。

3. 后勤服务动线的合理性。在宴会酒店的经营中，后勤服务的效率和隐蔽性对提高宾客满意度和维持运营效率至关重要。正因此，酒店后台的动线规划成了必不可少的一环。

在进行酒店动线规划的时候，厨房到宴会厅的菜品配送需要一个隐蔽而直接的路径，减少对宾客的干扰并保持菜品的完美呈现。这意味着，菜品配送路线必须短且无障碍物，甚至在必要时设置专用电梯。同时，像设备维护通道这样的后台服务路线，不仅要确保安全且容易到达，还要干净和管理有序，来维护服务现场的专业性。员工的进出路径更是需要精心设计，以便他们能快速而不引人注目地到达工作岗位。这些后勤服务的动线设计，虽被置于幕后，但却直接影响前台服务的顺畅和品质。

4. 特殊场合的动线考量。宴会酒店除了承办常规宴会外，偶尔还需要提供个性化服务。如何为这些场合设计独特的动线，成为考量酒店服务灵活性和专业性的标准。例如，一个大型会议可能需要设置特定的入口和注册台；主题派对或婚礼则可能要求特殊的布置和灯光效果，以及酌情调整的动线规划。在这种情况下，酒店可能需要在宴会厅内建立可移动的隔断，或者安排专人引导宾客走专用路径，以保障活动的顺利进行和宾客的舒适体验。

婚礼堂"三乱"

婚礼堂的很多混乱场面，往往都是由设计规划不科学造成的，具体可以从以下三个方面来分析（如图1-7所示）。

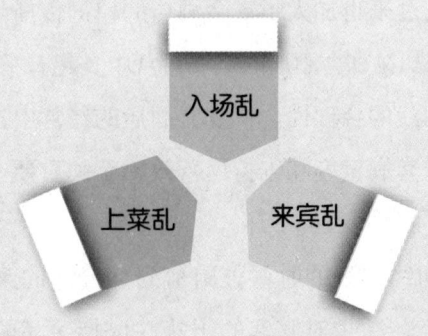

图1-7 婚礼堂的三种混乱场面

1. 入场乱。错误的动线规划会导致宾客、服务人员和新娘后场的混乱。若每个厅仅设有一个入口，用于所有人的进出，便产生了无序竞争的场景。为防止这种混乱发生，设计时应在每个酒店厅室尾部设置专门的化妆间供新娘使用，保证她的私密与便捷。同时，为服务人员指定专用的上菜口，最好安置在舞台附近，从而确保厅门主要用于宾客的出入，并能显著降低混乱的程度。

2. 上菜乱。一种十分普遍的情形是，一个厨房服务多个宴会厅，且没有专门的传菜通道，造成服务人员和上菜车在走廊里穿梭，与宾客混杂在一起。这种设计虽然在初期节约了成本，但从长远看来却使得上菜流程复杂化，增加了管理难度与现场混乱。合理的设计方案应该包括为每个宴会厅设立至少一个专用厨房或一个高效联通的传菜系统，以保证上菜的顺畅和宾客的舒适体验。

> 3. 来宾乱。一条宽敞的大走廊，在非宴会时间看似宁静豪华，但在多个厅室同时举办宴会时，却可能迅速混乱不堪。为避免走廊成为"菜市场"，婚礼堂的设计应该尽量避免集中的大走廊，而是采用分隔的区域管理。为此，设计应考虑分配多个迎宾区或中间小厅，给每个宴会预留独立的序厅空间。每个宴会厅都应该有自己的独立入口，以分散和优化客流，使得每场宴会都能拥有专属的迎宾区，营造私密、有序的宾客接待环境，体现出婚礼堂的现代设计理念。

四、平面规划

在进行宴会酒店设计时，平面布局的优劣直接关系到整体空间的使用效率和美感，尤其以下六个关键区域的设计需要特别注意（如图1-8所示），因为它们对于宴会酒店的整体感观和功能性有着决定性的影响。

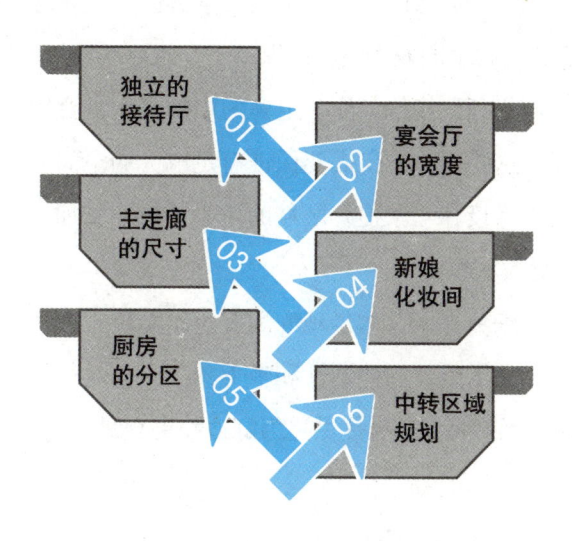

图1-8 宴会酒店平面布局的六个关键区域

1. 独立的接待厅。接待厅作为宾客的第一印象所在，其规模需谨慎考虑。200~300平方米的面积既能够容纳一定数量的宾客，又能避免过于拥挤的问题，同时也不会在客流量较少时显得空旷。

2. 宴会厅的宽度。宽度直接影响宴会厅的使用和美观性。18~24 米的宴会厅宽度曾被证明是最合理的尺寸，因为它们既能提供足够空间布置桌椅，又能避免浪费或在服务流程中出现不必要的困难。

3. 主走廊的尺寸。走廊连接各区域，其舒适度影响着宾客的移动体验。长度控制在 30 米以内，高度不超过 6 米，而宽度不少于 4 米是建议标准。如需考虑更长或更高的走廊，则适当增加宽度至 5 米，甚至 6 米，以免产生压抑感。

4. 新娘化妆间。新娘化妆间是婚宴重要设施，每个主题厅都应设置面积不小于 20 平方米的独立新娘化妆间，并与主宴会厅有直接的连通路径，以确保隐私和便利。

5. 厨房的分区。厨房应根据需求规模进行精细化分区，包括但不限于凉菜区、热菜区、面点区、粗加工区、洗碗区、备餐区、分餐区及原料仓库等，各自有合适的操作空间以提高工作效率。

6. 中转区域规划。接待大厅、走廊的中转区和宴会厅的入口都是客流集中的区域。这些地方不仅需要保证有足够大的空间以避免拥挤，还需通过艺术景观等设计元素提升区域的美学价值，增加空间气质，从而营造出雅致而温馨的氛围。

除了上述的细节外，艺术景观的配置也不能疏忽大意，因为艺术景观的配置直接影响了整体的协调性和唯美感。一个对这些细节都精心打磨的宴会酒店，无疑将为宾客提供更为舒适和更有纪念意义的体验。

老宋有话说

宴会酒店要不要做隔墙

宴会酒店要不要做隔墙？对于面积较大，超过五六千平方米的宴会酒店，建设一个大厅以承办大型婚宴是合适的。但如果可用面积有限，而且当地以二三十桌的中小型婚礼为主流，就应当将空间划分为若干间中小型的宴会厅，以适配市场需求。如果试图通过将两个小厅连成一个大厅以追求更高利润，通常会因空间运用不当而最终得不偿失。因此，在平面规划和空间设计上，必须结合实际情况审慎决策，以充分发挥有限空间的经营效益。

做隔墙的时候，优先考虑钢架隔墙。钢架隔墙适用于层高不受限制的空间，也更容易满足较高隔墙建设的需求。例如，在燕窝厅中使用方管构建骨架，并采用西木工板，内部填充隔音棉和防火棉的做法，不仅能够保证建设的快速进行和安全稳固，而且在隔音和防火方面有着良好表现。然而，若墙面设计需要一定的装饰，钢架隔墙就显得不那么灵活了。

相对来说，砌砖隔墙则在美观装饰上更具优势。虽然其工期相对较长，但如果在承重梁上建造，并且增加构造柱和墙筋，那么这种隔墙不但在结构安全上更有保障，墙面装饰也不受任何限制，且隔音效果极佳。二者造价接近的情况下，如果墙面装饰不是必须考虑的要素，建议使用金属骨架与木工板的方案；如果墙面装饰是重要元素，那么砌砖隔墙会是更佳选择，它工期虽长，但综合性能优越。

第三节　锁定风格：突破中式厅复制的障碍

一、规划多类型主题厅

要建设一家备受瞩目的宴会酒店，战略布局至关重要。其核心在于打造多样化的酒店宴会厅，满足不同客户群体的需求（如图1-9所示），同时提升酒店的整体档次和市场竞争力。

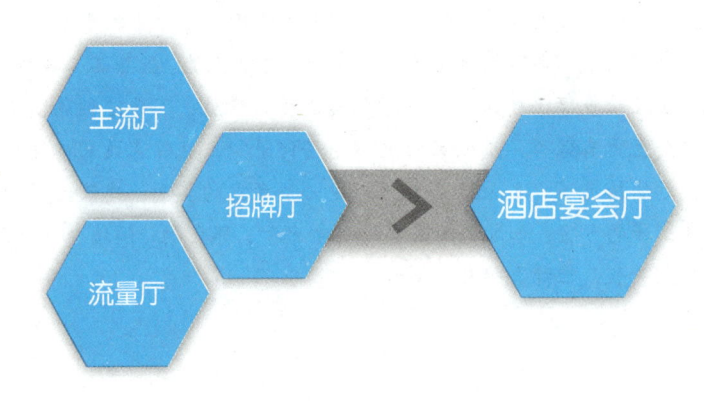

图1-9　酒店宴会厅的三种类型

1. 招牌厅的设置。1~2个特色鲜明的招牌厅是吸引宾客的重要因素，这些厅室代表了酒店的形象和品位。例如，奢华风格的金色大厅、优雅的白色法式宫廷大厅或是时尚现代的奥斯卡风格大厅均为热门选择。这些独具特色的厅室，不仅能在顾客心中树立起酒店的独特形象，还能加强他们对酒店的认同感。在桌数设置上，适当超出当地主流桌数的1.5倍就可以满足大型宴会的需求，但无须过多扩展，以免资源浪费。

2. 主流厅的比例。确保至少一半以上的厅室符合市场主流风格，如星空、海洋、水晶、森林或科技等风格。这些主流厅室将成为稳定收入的来源。在设计时，厅室的大小应与当地主流桌数相匹配，避免过大或过小的尺寸，以满足市场需求，并保持经济高效运转。

3. 流量厅的设计。设置一两个价格亲民的流量厅可以有效吸引更广泛的客户群体，通过口碑传播提升酒店的知名度。这些厅室可以采取较为经济的软装方式，如沉浸式星空、海洋或森林风格，利用壁布或窗帘营造氛围。桌数可以设定为主流桌数的80%，在空间或容纳人数不足时，可以通过添加小厅或包间来弥补。这样的策略有利于销售部门的灵活推销，应对不同价格点的需求，同时强调大小而非风格是定价的主要因素，这也是为大多数顾客所接受的。

老宋有话说

三天一场婚礼的酒店

有这样一家宴会酒店，平均三天便能举办一场婚礼，日常的小型宴会更是络绎不绝。酒店各个设计细节无不体现了对细致服务和品位体验的追求。

大堂部分有限的空间被巧妙设计，吧台沿用花瓣造型，显得别致且讨人喜爱，该酒店的公共区域和走廊，则以简约大气的风格迎接每一位宾客。

而在宴会厅的设计上，一号厅采用了固定的红色色系作为主色调，搭配先进的音响系统和灵动的灯光效果，为客人提供震撼和科技感并存的体验；二号厅则突破传统，背景、两侧及顶部的电子屏提供了无限变化的可能，只需更换桌花和露影，便可随意转换色彩和主题氛围；三号厅以金色为主，简约而大气，它也是拥有最多桌数的厅之一，适合举办大型婚宴。

> 此外，酒店还拥有专为小型婚礼定制的蓝色厅，这是其中一个小巧的宴会空间。相比之下，一号、二号和三号厅则是为更大型的婚礼所设计的。一共六个宴会厅和二十个包房，组成了这个一年前精心设计，并完美落地的宴会酒店项目。

二、打造多元化风格的宴会厅

在开设一个包含六个宴会厅的豪华宴会酒店时，优化风格选择可以迎合不同层次的客户需求，实现快速回报。理想的做法是将这些厅分为三个不同的档次（如图1-10所示），以满足市场的广泛需求。

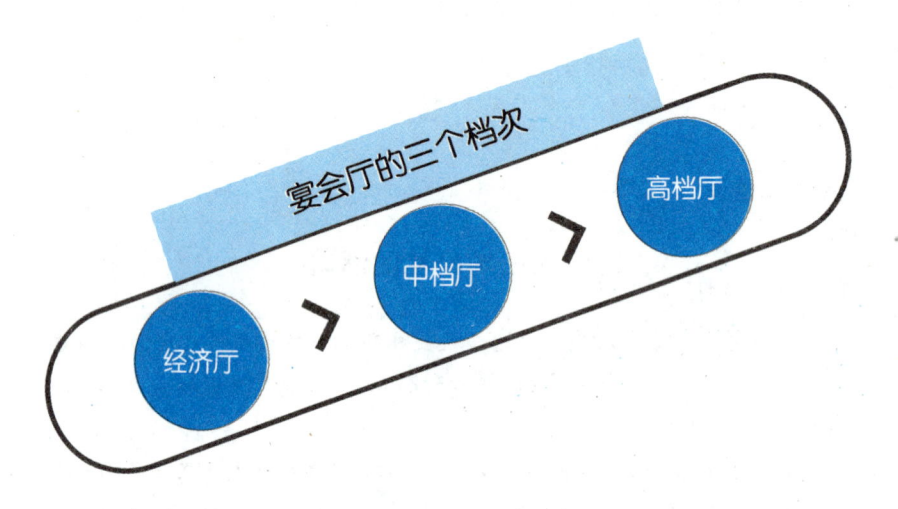

图1-10 宴会厅的三个档次

1.高档厅。在高端市场定位中，我们可以设定1~2个厅，以各种豪华的风格呈现。这些宴会厅可以融入富丽堂皇的欧式风格、温馨圣洁的教堂气氛，或者是大气唯美的庄园情调，甚至是光彩照人的奥斯卡主题风格。这类高档厅的设计需要追求极致的奢华与优雅，以吸引追求独特高贵体验的客户群体。

2. 中档厅。接下来2~3个中档厅应选择市场主流的风格，确保其能迎合大多数人的审美与需求。水晶厅的多变性允许其展现浪漫风情，蓝色海洋或星空主题则更显唯美，此外，可通过法式风格为中档厅注入古典韵味。

3. 经济厅。为了满足预算有限的顾客的需求，至少需要有两个经济实惠的厅。可以从水晶、香槟、红色、星空、海洋等多种风格中选择两种进行搭配。这些厅的装修应以软装为主，旨在营造典型的婚礼氛围，以低成本维持高效运转，并用更亲民的价位来吸引大批量的订单。

将宴会厅分为高、中、低三个价位档次，不仅可以吸引不同预算的客户，也能在多元化的市场需求中找到自身的独特定位。若每个厅每年能成功承办100场宴会，那么酒店的盈利能力将变得非常可观。这样的策略不仅可以保证收入的持续增长，也能在市场中树立酒店多样化服务的良好口碑。

老宋有话说

婚礼堂风格对比

创业者在选择婚礼堂装修风格时，总是希望投资最有效益，而市场也已证明，特定的风格能够为婚礼酒店带来更丰厚的回报。在我研究的白色、法式、金色、欧式、水晶、香槟金、蓝色等七个主要风格中，每一个都有其独特的市场表现和利润空间。

经过一年以上的运营数据对比，我发现，蓝色系的婚礼堂在全年的婚宴数量上占据领先地位。这里婚礼堂提供以海洋或星空为主题的沉浸式体验，提供中等价位的选择，却能带来极高的转化率，吸引了大量追求性价比的新人。

然而，在盈利能力方面，白色的法式厅则展现出显著的优势。这源于它在运营时的两个主要优点：一是宴会厅的空间较大，二是可供摆放的餐

> 桌数目多。尽管全年婚宴场次不及蓝色厅，但法式厅的婚庆服务定价偏高，同时餐饮平均单价在所有风格厅中也较高，这使得它总体盈利能力更胜一筹。
>
> 　　综合来看，白色的法式厅不仅能够提供更加优雅豪华的婚礼体验，而且在经济效益上也更加突出。通过分析婚宴场次和盈利能力，我们可以得出结论：从投资回报率角度出发，白色法式厅是最具盈利潜力的选择。对于追求高端市场定位，以及能在单场婚宴上实现较高收入的宴会酒店而言，优化装修和提升服务质量的白色法式厅将是至关重要的。

三、中式风格宴会厅

不少酒店老板发现，喜欢国风中式婚礼的人很多，来咨询中式厅的人也非常多，但实际的成交量却非常有限，这是为什么？有以下两方面的原因。一方面，国人深受传统中式审美的影响，崇尚其中的仪式感，尤其在现代生活中越来越难以寻得的传统建筑装修背景下，中式的氛围更显难得。结合结婚习俗的传统性和仪式性，中式婚礼堂能够提供的独特体验，让新人与家长们梦寐以求。但另一方面，传统的中式婚礼仪式往往较为严格和枯燥，最关键的是，新娘通常无法在中式仪式中穿上梦寐以求的婚纱，这成为一个主要障碍。

从酒店运营者的角度来看，中式婚礼堂的有以下的优缺点。

优势方面，首先，是文化传承，它不仅仅是婚礼的场地，更是中华传统文化的一个窗口，让人们更切实地感受和传承我们的文化精髓。其次，中式婚礼堂的仪式感，通过详尽的礼仪和流程，打造出一个庄严神圣的婚礼氛围，更有利于营造隆重和难忘的体验。最后，中式厅能够作为传统宴会的首选场所，为各类小型庆祝活动增添更多的仪式感，从而扩大收益。

然而，劣势也是显而易见的。首先，是场地限制，中式婚礼堂在尺寸上的特定要求使得场地选择大受限制，不符合标准的空间难以达到预期效果。其次，中式婚礼的流程烦琐且耗时，这对新人、来宾和工作人员都可能造成不小的压力。最后，从费用上来讲，中式婚礼通常因为涉及更多的服务和人手而成本更高，如司仪、执礼人员等，这些岗位的人员往往还是相对稀缺的，进一步增加了成本。

在这样的情况下，如果你在考虑改造婚礼堂或开设新店，会不会选择中式风格？这就成了一个需要深思熟虑的问题。

老宋有话说

做中式厅的三个理由

选择将中式厅作为宴会酒店的重要组成部分，对于那些追求维护，甚至提升其在区域市场中的头部地位的老板们来说，不仅是一种市场策略，而且是一种必要的投资。投资一间中式厅可以说是符合未来趋势、提升运营能力、增强盈利潜力的明智之举。随着人们对婚礼堂的要求越来越高，中式厅也许就是那个让你能在众多对手中脱颖而出、保持领导地位的关键。因此，如果你是宴会酒店的老板，认真考虑打造一间中式厅不仅是一次战略布局，同样是对品牌价值和市场敏感度的有效投资。关于中式厅对宴会酒店的价值，我们可以从三个角度展开分析。

首先，从婚礼的流行趋势来看，我们注意到越来越多的婚礼堂企业都在积极构建自己的中式厅。某知名品牌就在旗下每家店都开设了类似云中长安这样的中式场地，这一现象表明新人对于中式婚礼的偏好日益增长。若在你所在的城市中，你的酒店也打造出风格独特、符合人们审美的中式厅，无疑会吸引更多新人的目光，为你的酒店带来更多的客户和利润。

其次，我们来审视婚庆运营能力的提升。中式厅不仅仅是在装修风格上的体现，更是在运营层面的全方位升级。定制化的司仪、跟妆、执礼、督导、餐具和服务人员都是中式厅的重要组成部分，确保每一场婚礼都得体、庄重。这样的定制化服务也为你的婚礼堂增加了不可模仿的特色，一定程度上为你抵御了激烈竞争环境下的模仿和竞价。

最后，我们不得不考虑的是单厅的盈利能力。在当前宴会市场的激烈竞争中，常规的场地如水晶厅不得不面对通过降价销售，甚至免费提供场地的压力。如果在你的城市已经出现了提供免费场地服务的竞争对手，传统场地还敢高价销售吗？然而，中式厅则展现了不同的情景。它提供的不仅是一个场地，而是一系列完整的仪式服务。无论在什么时候，提供体现传统精神和文化内涵的全方位服务，都是有可能维持定价，甚至提价的。

这些因素共同作用，让中式厅成为宴会酒店中极具吸引力的选项。而其中的文化传承功能，让新人们在追求个性化婚礼体验的同时，也能够感受到中式婚礼所特有的仪式感和深层文化韵味。这不仅仅是对一个婚礼场所的选择，更是一种对传统与现代完美结合的追求。

四、中式厅复制的三个难点

复制中式婚礼堂的重点不是装修，而是运营。因为尽管设计元素和装修风格可以相互借鉴，但中式厅的真正难点在于运营的复杂性，它需要一套完整的运营体系来支撑。让我们一起探索复制中式婚礼堂中的三大难点（如图1-11所示）。

图1-11 复制中式厅的三大难点

- 现场统筹难
- 仪式主持难
- 督导服务难

1. 现场统筹的重要性是不容忽视的。在中式婚礼的环境中，统筹人就像是一位导演，负责操控仪式的每一个细节，确保流程的顺畅和仪式的庄严。婚礼的成功与否，很大程度上取决于现场统筹的能力与经验。这样的统筹不仅需要对中式文化有深刻的理解，也要求有快速应变的能力，而这是无法简单模仿或复制的。

2. 中式仪式的主持是一项艺术。虽然中式婚礼的主持本身并不算特别难，但真正的挑战在于主持人与婚礼场景主题、仪式流程的完美融合，以及如何创作出贴合婚礼主题的、既传统又具有新意的主持词。这需要主持人不仅有着扎实的传统文化素养，还得有创意思维和灵活应对各类婚礼需求的能力。这种高度个性化的服务，同样难以被复制。

3. 中式婚礼涉及的督导服务也颇具挑战。除了仪式和主持之外，婚礼的所有辅助环节——如执礼、喜娘、DJ、VJ、灯光等，都是至关重要的。从前期的灯光编排到服务人员的训练和彩排，每一个步骤都需要精心设计和周密策划。这些岗位和流程所涉及的工作繁复且艰巨，远比单纯的装修或者复制场地要艰难得多。它们是中式宴会独特而复杂的仪式系统的积极组成部分，需要专业的团队和足够的精力来维护。

复制一个中式厅不是物理空间的搬运，而是文化层面和专业技能的再现。这要求宴会酒店老板不只是在物质建设上下功夫，更需在提升整个婚礼服务团队的素质和能力上投入时间和资源。逐一攻破这些难点，方可创造出一个能吸引新人、体现传统美学、功能完备的中式婚礼堂。因此，在面对建设中式厅的抉择时，问自己一个问题：你准备好迎接这些挑战了吗？只有真正理解并掌握了这些运营的精妙之处，一个中式厅才能够成为宴会市场上的一颗璀璨明珠，吸引着那些渴望传统而又不失个性的新人们。

> **老宋有话说**
>
> ## 打造经典宴会酒店的关键要素
>
> 宴会酒店的风格更新换代很快,有时候一个婚宴厅2~3年就会过时,所以只能把整个宴会酒店打造成经典,才能持续盈利。以下三个关键区域的装修理念至关重要。
>
> 1.外部装修。外部装修应具有强烈的品牌辨识度,包括品牌名称、元素、颜色和风格,这些都应该围绕一个统一的主题来表达品牌的"经典"。例如,杭州的超级格德利亚粉红城堡就通过粉红色和城堡元素来体现其品牌主题。
>
> 2.公共区域装修。大堂和走廊等公共区域的装修应与外部的大气感有所区分,更注重营造温暖和亲切的氛围。在这些区域,可以适度融入品牌元素,同时采用不同的材质、工艺和颜色,如现代、轻奢、时尚、简约、欧式或古典等,选择符合婚礼调性的经典风格。
>
> 3.厅内装修。厅内装修应专注于为新人打造多样化的婚礼场景。为了避免因装修过时而影响业务,不应过度追求豪华效果。宴会厅的装修模式应是经济高效的,能够将一场高定婚礼的体验复制给众多新人,而不是仅仅服务于少数客户。如果装修成本过高,可能会导致价格昂贵难以销售,或者在收回成本之前就已经过时。

Hotel Banquet

第二章 市场瞳孔

解密市场竞争与未来趋势

第一节 市场内卷：宴会行业的危与机

一、区分竞争和内卷

市场的每一次洗牌都在考验着宴会酒店老板们的战略眼光和精密执行力。在这激烈的竞争中，区分"竞争"与"内卷"至关重要（如图2-1所示），因为它们往往决定着一个企业是该前进一步，还是要后退一步。

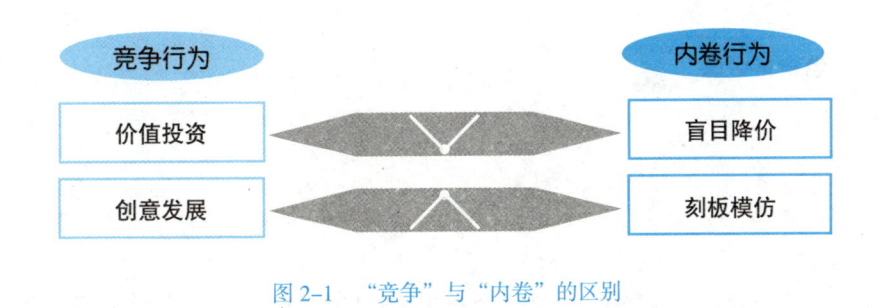

图2-1 "竞争"与"内卷"的区别

1. 价值投资与盲目降价。对那些愿意花费数十万进行厅堂升级改造、引进新技术与服务以提高客户体验的老板来说，他们正在进行的是健康的市场竞争。这样的行为不仅能吸引更多的顾客，也有助于提高婚礼堂的市场份额，为企业长远发展增加软实力。

相反，直接将宴会厅免费开放而不考虑盈利模式的决定则是一种内卷行为。这种做法虽然短期内看起来减轻了顾客的负担，却在不知不觉中损害了整个行业的稳健发展，导致行业水准和利润率的下降。

2. 创意发展与刻板模仿。真正的市场竞争者会不断进行差异化战略，通过增加投资、关注细节设计、强化团队管理来塑造自身独特魅力。他们在追求卓越的道路上不断进取，以独特的企业文化和创意服务俘获顾客的心。

与之形成鲜明对比的是那些缺乏自我创新、倾向于模仿他人成功模式的行为。单纯抄袭竞争对手的风格、营销手段，甚至品牌名字，只会将企业拖入无尽的内卷循环中。这种短视行为最终会销蚀掉企业的竞争力，陷入自己设下的陷阱。

企业老板在面对市场竞争压力时，应持续优化和创新自己的服务，保持冷静的商业判断。在市场上赢得声誉并带来持续盈利的，是那些坚持研发与创新，勇于区别于市场中其他相似产品或服务，并能够提供真正价值给顾客的企业。而短期主义的策略，例如低价竞争或抄袭做法，只会短暂地提升销量，却不能为企业赢得长远的成功。

> **老宋有话说**
>
> ### 未来宴会厅的四种压力
>
> 随着宴会酒店行业的迅速发展，行业内的经营者必须面对以下四种压力。
>
> 1. 竞争压力。婚礼市场是一个存量市场，市场份额有限，竞争激烈。流量往往集中在区域内的头部企业。只有那些能够不断学习和自我完善的宴会酒店才能在竞争中站稳脚跟。
>
> 2. 创新压力。随着市场的发展和客户需求的提升，传统的餐饮和婚庆服务已经无法满足市场需求。团队必须不断创新，以适应日益激烈的市场竞争。
>
> 3. 运营压力。在市场供不应求的情况下，运营管理可能看起来不那么重要。然而，随着市场的饱和，优化运营将成为提升效率和客户满意度的关键。良好的运营管理需要时间积累和完善，不能一蹴而就。

> 4.风险压力。宴会酒店行业需要较大的投资，风险相对较高。不正当竞争和投机行为可能会导致市场价格混乱，影响整个行业的健康发展。因此，企业需要有风险意识，合理规划，以应对可能出现的市场波动。

二、市场面临的挑战

在宴会行业这个传统而繁华的市场中，近年来出现了明显的内卷现象。这不仅是因为行业内部竞争激烈，更多新人加入这个"盛宴"中，带来了新的思维和营销方式，也是因为客户的消费心理和行为模式在不断发生变化。

市场上增加的新酒店和宴会场所导致供给过剩，许多企业为了在市场中保持竞争力，不得不投入更多资源来提升服务品质和场地设施，如依靠高技术的互动体验、个性化定制服务等新策略来吸引顾客。长期这样下去，虽然服务标准不断提高，但返回的利润却没有显著增加。相反，为了获得更多客户，许多企业不得不进行价格战，这进一步压缩了宴会行业的利润空间。

而客户方面，他们越来越期待有更高价值的服务体验和更为独特豪华的场地，无论是精致的餐饮、巧妙的场景布置，还是个性化的服务项目，客户需要的不仅仅是一个场所，更是一种独特的体验。然而，客户预算的增长速度并没有跟上服务成本的上升，这进一步使得宴会企业的财务状况承受更大的压力。

在这样紧张的市场大环境中，宴会行业的企业需要不断创新和调整业务策略，以适应这种不断变化的市场需求。这也迫使企业进行更深层次的市场分析，开发新的收入来源，并通过精细化管理减少不必要的开支，以实现在竞争中的自我突破和持续发展。

> **老宋有话说**

婚礼堂免费经营策略的影响

在一些特定的城市，婚宴习俗的特殊性可能促使婚礼堂以免费的形式提供给新人，这一趋势看似对消费者有利，实际上却可能引发一系列市场隐患。以下是导致婚礼堂免费提供的三种普遍情况（如图2-2所示），任何市场如果出现至少两种以下情况，婚礼堂免费的势头便势不可挡。

```
┌──────────┐   ┌──────────┐   ┌──────────┐
│ 一场婚宴 │   │ 平均桌数多│   │ 宴会类型 │
│  多餐制  │   │          │   │   丰富   │
└──────────┘   └──────────┘   └──────────┘
```

图2-2 婚礼堂免费的三种情况

1. 一场婚宴多餐制。当地习惯可能包括婚礼前夜宴、婚礼日午宴及晚宴，这样连续的餐饮服务即便单价不高，总体收入仍可观。因此，为了在激烈的市场竞争中争取客户，不少宴会酒店的老板宁愿牺牲场地费用，也要确保订单的落实。

2. 平均桌数多。婚宴规模大通常意味着更高的餐饮收入，尤其是当桌数在40桌以上时，相较于婚庆服务的利润，餐饮消费成了宴会酒店老板们关注的重点。市场一旦步入恶性竞争的循环，那些非专业的老板及外包婚庆服务的婚礼堂可能率先推出免费婚礼堂的优惠措施。

3. 宴会类型丰富。如果一个地区的宴会种类繁多，除婚宴之外，其他类型的宴会对场地费用的支付意愿并不强烈，这种宴会文化的深入人心最终影响到婚宴市场，导致新人们也不愿为婚礼堂支付额外的费用。

这种免费婚礼堂的策略，在短期内可能为宴会酒店带来一定的市场份额，但从长远角度看，它会损害企业的整体盈利结构，削弱商家的议价能力，乃至于引发整个行业利润的下滑。此外，对维持和提升服务质量形成压力，还会导致行业整体价值的降低。因此，业内老板必须重视这一趋势可能带来的影响，审慎考虑如何在平衡市场竞争与可持续发展中做出明智的决策。

三、老板行为的影响

宴会厅市场的内卷化不仅仅是由外部的经济条件和客户需求所驱动，很大程度上也受到宴会酒店老板们的经营策略和行为方式的影响。老板们对市场压力的反应策略在内卷现象中扮演着关键角色。

1. 追求快速回报。在竞争激烈的市场环境下，部分老板采取短期内回报最大化的策略，这通常意味着要压缩成本、降低服务质量或者提供免费服务，如免费婚礼堂，以吸引更多客户。这种做法虽然可能会在短期内增加订单量，却有可能引起市场价格战，破坏整个行业的利润结构。

2. 缺乏差异化竞争。一些老板缺乏将自己的宴会酒店与市场上其他竞争者区分开来的创新意识。他们过于依赖传统的营销方法和服务模式，服务缺少个性化和特色化，这使得他们在高度竞争的市场中难以脱颖而出，只能通过降低价格来吸引顾客，最终导致利润率下降。

3. 忽视长期发展。在宴会市场中，一些老板过于关注即时利润，而不注重长期的品牌建设和客户忠诚度的培养。这种短视的管理方式不利于企业的长远发展，也容易使得市场陷入价格竞争，损害整个行业的可持续性。

4. 对行业趋势认知不足。有些老板未能及时认识到市场趋势，对于新兴服务模式、新技术的应用和消费者行为变化认知不足，以至于不能及时调整自身的经营和服务策略，从而导致企业失去竞争力。

宴会酒店老板们的经营策略和行为直接影响市场的内卷程度。因而，为了应对市场内卷，老板需要培养长期视角，注重服务和产品的差异化竞争，同时积极拥抱创新，以便能在变化的市场环境中占得一席之地。

> **老宋有话说**
>
> ### 宴会酒店的盈利潜力
>
> 宴会酒店行业在过去三年中一直是利润丰厚的领域,但面对今年的新市场,投资者需要解答三个核心问题来判断其盈利潜力。
>
> 1. 市场可行性。首先,需要评估结婚新人的数量与当地婚礼堂的供需关系,考察现有婚礼堂的档次和市场占有率,以确定是否还有空间进入市场。
>
> 2. 经营策略。其次,要制订进入市场的策略,从选择物业到项目定位,再到策划、筹建、预售和运营,每个环节都需要精打细算,确保成本效益最大化,以实现盈利目标。
>
> 3. 行业前景与自身定位。最后,要考虑行业的未来趋势和个人发展路径。在竞争中保持领先是关键,但也不能过于超前,以免因过度创新而与市场脱节。适度领先可以使你成为行业的引领者,但如果领先太多,可能会承担过大的风险,甚至成为市场的牺牲者。

四、如何应对内卷

面对婚宴及宴会行业不断加剧的内卷化挑战,宴会酒店老板们需要深入分析竞争环境,审慎调整经营策略。以下是几项应对内卷的策略(如图2-3所示)。

01 提供差异化服务	02 提升操作效率
03 扩宽市场范围	04 长期品牌建设
05 精准定位和细分市场	06 持续学习与创新

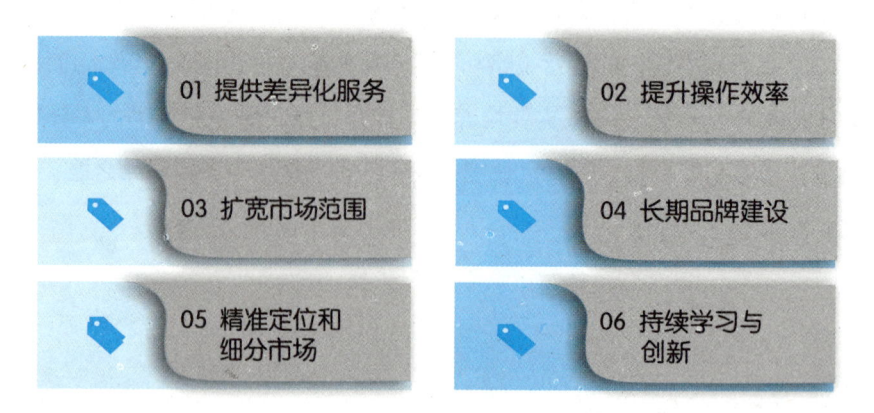

图2-3 应对内卷的六项策略

1. 提供差异化服务。为了从根本上提升企业在市场中的竞争力，并有效避免陷入价格战的泥潭，宴会行业的老板们需要深入挖掘并广泛应用差异化服务。一种方法是提供独一无二的餐饮体验，如将地方特色美食融合到菜单中，或者创建以故事为主题的婚宴，使整个婚礼体验更具文化深度和情感色彩。另一种方法是可以借鉴国外的先进经验，将科技元素融入服务流程中，比如利用VR技术预演婚礼场景，定制化客户体验。通过这些举措，可以明显提升客户的满意度与品牌忠诚度，形成差异化优势。

2. 提升操作效率。优化管理流程并采用前沿科技工具是提升企业工作效率的关键。预订系统的自动化不仅减少了人力成本，还可以避免过时的工作错误。利用云服务和大数据分析，可以更精准地预测市场趋势，并有针对性地调配资源。同时，持续对员工进行专业技能和服务意识的培训，确保团队能够以最高效率提供最优质的服务。高效流畅的操作流程和专业精湛的服务团队，将直接提升企业活力，夯实竞争地位。

3. 扩宽市场范围。不局限于本地市场的同时，采用互联网技术拓展市场触角显得尤为重要。通过建立线上婚庆预订平台，可以覆盖更广的消费者群体，便于潜在顾客远程预订。构建合作联盟是另一个战略点，与酒店、旅游、花艺等相关行业进行合作，可以通过包装组合产品来扩大客户群，并通过交叉推广来最大化市场覆盖率。不仅如此，还可以尝试构建线上的婚礼策划服务，提供在线咨询、远程布场等服务，为追求便利与创新体验的客户提供新的选择。

4. 长期品牌建设。持续的品牌形象建设和顾客关系管理对于赢得市场的长期竞争至关重要。这意味着，不仅仅要提供高品质的服务来满足顾客的基本需求，更要通过有意义的顾客互动，如个性化的感谢信、定期的顾客满意度调研，以及对反馈的及时响应，来建立起强有力的顾客关系。如此，不但能为企业积攒良好口碑，还可以使得顾客变得更加忠诚。一个扎根于顾客心中的品牌，将更有能力抵御市场的短期波动和竞争压力。

5. 精准定位和细分市场。在细分市场中确立自己的专家地位，是避免广泛竞争的有效战略。例如，针对小型但高品质的家庭聚会市场，或是专注于为企业提供高端定制的商务宴请服务。通过深入分析目标客群的特定需求和消费习惯，可以发展出更加符合他们需求的服务或产品，从而在细分市场中脱颖而出。以细分市场为基础，企业可以更精准地优化资源配置，提升服务质量，形成无可仿效的竞争壁垒。

6. 持续学习与创新。尤其在飞速发展的现代市场中，持续的学习与创新能力成为企业生存和发展的重要保证。这包括不断学习掌握餐饮业的新趋势、新兴的婚礼主题创意，以及采用基于数据的顾客管理策略。顺应市场变化，不断地对服务内容、营销策略及运营模式进行创新迭代，从而确保企业始终站在行业的前沿。比如，引入社会化媒体营销、采用更环保的服务方式或是创建忠诚度程序等。

老宋有话说

宴会行业开店避险指南

进入宴会酒店行业，慎重的初期投资能够有效降低商业风险，理智的投资和精确的市场定位是确保可持续成功的基石。这需要你有对市场的深入理解和正确评估自身的能力。节俭开店与保守投资，这两种策略都能在不同的市场环境下为你提高安全边际。不管你是餐饮店老板、婚礼策划者，还是土地、房产拥有者，正确的开店策略将是你成功的垫脚石。

第一种策略，适用于经济水平中等偏下或新兴的市场领域。这类市场中无须过多的装修与技术投入。比如说，无论软硬装修的成本是每平方米1000元还是2000元，赚钱的速度往往不会因此而有所不同。类似的，无论在声、光、电设备上投资20万元还是200万元，最终的盈利结果也许并没有太大差别。在这种情况下，更低的投资往往意味着更高的收益率和更快的回本周期。

第二种策略,对于经济发展较好、消费水平较高的地区来说尤为适用。在这类市场中,外来品牌的竞争激烈,为了避免被市场淘汰,你可能需要投入更多的时间和资金来构建你的商业模式。即放慢速度,花费3~6个月时间慎重地建造一家酒店。在原预算的基础上,多花20%~30%的资金,投入在运营、市场营销及门头和工具等方面的升级上。至于装修,宜以时尚与质感为导向,创建一个与众不同的品牌环境,这样的店铺更有潜力成为市场中的佼佼者,降低被市场淘汰的风险。

第二节 区域差异：地域化战略的制胜之道

一、市场细分和客户洞察

在宴会行业要求高度个性化的今天，深入理解各种区域特性变得尤为重要。各地的文化底蕴、经济基础，以及人们的消费行为和喜好千差万别，它们共同塑造着每个区域市场独特的需求模式。正是这些区域性的差异，为企业实施地域化战略提供了切入点和契机。想要实施地域化战略，以下三个方面的工作是必不可少的（如图2-4所示）。

图2-4 地域化战略的三项重要工作

1. 全面的市场调研是基础。要深入了解一个区域，企业必须展开全面的市场调研。这通常包括但不限于客户问卷调查、焦点小组讨论，以及对当地市场的实地考察。这些调研活动可以揭示消费者的购买动机、消费行为，以及对宴会服务的具体需求，甚至还能探究到与婚礼和重大社会活动相关的地方传统与习俗。

2. 细分市场的重要性。通过对调研结果的分析，企业就能逐渐绘制出各区域市场的详细画像。这不仅包括客户的基础统计数据，如年龄、性别、收入水平等，还需深挖其文化背景、价值观念等深层因素。得益于这样的精细市场细分，企业能为每个区域的客户提供专属的定制服务和产品，从而在客户心中形成独特的品牌印象。

3. 基于洞察的战略调整。对特定区域市场进行深入洞察后，企业就如同掌握了一把精确的调整杠杆。企业可以基于这些信息，在服务内容、产品设计、价格策略、促销手段上进行有针对性的调整和优化。比如，在某一富裕的城市区域，人们可能更偏好高端、私人定制的婚礼体验；而在经济条件更为普通的地区，则可能更重视性价比和家庭式的温暖氛围。这些调整不仅可以帮助企业在竞争中获得优势，还能让企业深耕市场，与客户建立起长久且稳固的关系。

老宋有话说

宴会酒店的盈利潜力

乡镇宴会酒店是一个充满潜力的商机，因为在这些地区往往缺少正规且专业的宴会服务。然而，要在乡镇市场持久并成功，需要巧妙地整合当地习俗和经营智慧。

如果宴会酒店能提供物超所值的美食体验，那么吸引顾客就不是难题。优质且价格适中的菜品是留住顾客的重要因素。在乡镇，家常而美味的菜肴更符合当地人的口味。同时，由于日常消费能力可能相对有限，定价需要实惠，以便使当地居民愿意在这里举行宴会。

在乡镇，人情往来是重要的"社交货币"。宴会酒店可以通过灵活运用人情策略来吸引客流。比如，结账时适时抹零，或者在特殊场合为顾客额外赠送一道招牌菜等。这些细节往往能留住当地顾客，转化为长期的客户资源。

想要使乡镇宴会酒店尽可能地成功，还需要在营销策略上下功夫。鉴于乡镇可能没有过多的广告和营销渠道，宴会酒店需利用口碑和推荐，建立与当地社区的良好关系。同时，积极参与社区活动，主动承办一些公益宴会或节日活动，通过这些社区联结增加曝光率。

此外，虽然乡镇区域特色强，但在服务流程和顾客体验上亦需专业化。良好的服务体系和专业的宴会流程能够确保顾客获得满意的体验，从而形成稳定的复购率。

总结来说，要想在乡镇开起一家成功的宴会酒店，需要紧密结合当地文化和消费习惯，重视产品质量和服务体验，并且巧妙运用人情关系进行市场营销。只要把握好这些要点，乡镇宴会酒店有望成为一个受欢迎且盈利的场所。

二、本土化的品牌营销

在宴会市场中脱颖而出不仅需要高品质的服务和产品，还需要能够贴近客户心理的品牌营销。构筑具有地域特色的品牌形象的关键在于迎合每个地区独有的文化和价值观，使品牌与消费者之间建立起深层次的情感链接。本土化的品牌营销战略关注的是如何深度融入并激活区域市场的潜力。通过与当地文化和价值观产生共鸣，选择合适的本地人士作为代言，并规划贴近民众情感的活动和推广，企业将能够在竞争激烈的宴会市场中实现可持续的成长和发展（如图2-5所示）。

图 2-5　本土化品牌营销的三个重点

1. 与本土文化共鸣。本土化的品牌营销超越了简单的语言翻译，它强调的是与当地社区进行共振，促进品牌信息与地区文化精髓的有效结合。这可以通过展示对本土文化的理解和尊重来实现，比如通过广告和宣传材料中当地语言的巧妙使用，或是融入地方的文化元素和符号，来吸引和增强目标市场的共鸣感。

2. 选择合适的本地代言人。选择与品牌价值观相契合的当地知名人士作为代言人，可以迅速提高品牌的区域知名度和认可度。一个当地人士的背书不仅能增加品牌信任感，还能巧妙地联结消费者与品牌之间的情感关系，尤其是当代言人在当地社会中具有良好形象和高知名度时，品牌的影响力会得到极大的推广。

3. 定制化本地活动和推广。强调地域性的营销活动能够形成更直接的市场吸引力。企业应考虑策划与当地传统节日、文化活动或关键事件相结合的推广活动。这不仅能为品牌吸引目标市场中具有文化共鸣的消费者，也能增加品牌在特定区域中的可见性和参与感。

例如，宴会酒店可以在当地重要的文化节日期间提供特别的宴会套餐或优惠促销，或者在发生重大社会事件时成为带动氛围的引领者。通过这些具有本土特色的营销活动，酒店品牌能够更好地与消费者进行情感上的沟通，从而在潜意识中深植品牌形象。

> **老宋有话说**
>
> ### 婚礼艺术中心的开办
>
> 随着宴会酒店市场在过去几年的蓬勃发展，竞争日益激烈，特别是在一些城市已经出现了市场的过度饱和。现在，业界普遍认为下一个增长点在于婚礼艺术中心。如果你计划在当地开办一家婚礼艺术中心，以下三个关键要素必须满足。
>
> 1. 地理位置。选址至关重要，艺术中心应位于当地的高端商业区或城区内的文化旅游景区。周边环境需要有品位，与艺术中心的氛围相符合，不能显得低端。
>
> 2. 建筑条件。最佳的选择是拥有独立的艺术建筑，室内层高至少7米，并且没有遮挡视线的柱子。如果初始条件不符合，可以通过局部或整体的外立面改造来达到要求。
>
> 3. 目标客群。艺术中心应位于至少三线城市，经济水平中等以上，人口需超过30万。对于经济条件较好的四线城市，也可以考虑。与前两个条件不同，客群条件不是可以轻易改变的，因此，并非所有城市都适合开设婚礼艺术中心。
>
> 需要注意的是，婚礼艺术中心并不仅仅是宴会主题酒店的升级版本。因此，宴会酒店的经营者在考虑转型或扩展时，应避免盲目跟风，最好确保上述三个关键要素得到满足，这可以为未来的成功打下坚实的基础。

三、本地供应链优化

在宴会行业中，物流环节尤为关键，它直接关系到宴会所需材料的及时供给和品质保证。因此，通过本地供应链的有效管理和优化（如图2-6所示），企业不仅能够提高运营效率，还能在本土市场建立起良好的品牌形象。

```
  建立和本        提高材料        本地化战
  地供应商        的新鲜度        略与品牌
   的合作          和质量          形象构建
```

图 2-6　本地供应链优化的三个重点

1. 建立和本地供应商的合作。与当地的供应商建立稳固的合作关系意味着更低的物流成本和更快的响应时间。当材料来源地与宴会举办地近在咫尺时，运输过程的时间和费用自然大为缩减，这实际上也减少了与远程运输相关的不稳定性和风险。

2. 提高材料的新鲜度和质量。在宴会行业中，新鲜的食材、最佳摆放的装饰物品和不断更新的配套设施是顾客满意度的关键因素。通过优化本地供应链，企业能够确保宴会所需的各种材料都能在最合适的时间获取，以最优状态出现在顾客面前。

3. 本地化战略与品牌形象构建。选择使用当地供应商不仅是商业上明智的举措，同时也是社会责任的体现。它传达了一家企业对本地经济的支持和对社区的承诺，这会让企业在当地市场中获得正面的形象和认同。消费者越来越倾向于支持那些对社会有所贡献，并与当地紧密结合的企业，而这样的意识形态也日益成为他们消费选择的重要因素。

此外，本地供应链的建立和优化与企业的环保理念相符，减少长途运输可以显著降低碳足迹，这对于践行可持续发展战略和提升品牌绿色形象的企业极为重要。

> **老宋有话说**
>
> ## 县城宴会酒店的开设
>
> 在县城开设宴会酒店往往是一个挑战与机遇并存的举措。对于创业者来说，这不仅仅是一个盈利的机会，更是一次对企业运营能力的考验。以下是在县城宴会酒店市场获得成功的关键策略。
>
> 首先，要利用好开业的先发优势。如果你的宴会酒店是当地的先锋，那么就有机会成为结婚新人和其他需要举办宴会的客户的首选场所。如果县城内已有一定数量的同行业竞争者，那么无论从市场饱和度还是客户忠诚度的角度考虑，重新进入市场的成本和风险将大幅增加。这个时候需要谨慎考量，是否有足够的特色和竞争力去抢占市场份额，否则容易陷入价格战，损害利润。
>
> 其次，要注重成本控制和收益预测，制定合理的投资标准。作为当地的宴会酒店先驱，你需要精确计算开店的总投入，并根据市场潜力预测回报。例如，你可以设置一个标准：在预计的所有宴会厅每年举办100场活动（包括餐饮和婚庆服务），预期在一年半的时间内能够实现特定的盈利。基于这样的计算，你可以确定投资额，这样即使后来新的竞争者进入市场，你的宴会酒店也能够保持市场领导地位。如果竞争对手的投资少于你，他们可能会在服务或设施上无法同你抗衡；如果他们的投资过多，售价提高会使他们难以吸引消费者，而你依旧能够保持价格优势和服务质量。
>
> 最后，不要忽视品牌建设和服务质量的重要性。即便市场上已有竞争对手，通过提供卓越的服务和独特的宴会体验，你的酒店仍然可以成为市场的佼佼者。良好的客户口碑和品牌忠诚度，将是你宴会酒店的无形资产。
>
> 在县城开设宴会酒店，要深谙地方市场规律，把握先机，明智投资。在确立市场地位后，持续提供高品质服务，不断创新和优化经营策略，方能在竞争中长盛不衰。

四、地区管理团队的设置与培养

在构建全国乃至全球战略布局时,企业往往面临着如何兼顾整体与地方、全局与局部的挑战。在这方面,拥有一支熟悉地方市场的管理团队无疑是企业地域化战略成功的关键组成部分。地区管理团队是企业与本地市场之间的桥梁,他们能够帮助企业按照本地文化和市场特性调整战略与运营模式(如图2-7所示)。地区团队的设立和培育是一项长期投资,对于企业来说,这意味着能够在不断变化的市场环境中,持续舒展和变通其战略,确保企业在本土市场有长久竞争力和生命力。

01 组建本地团队

02 发挥本地团队的优势

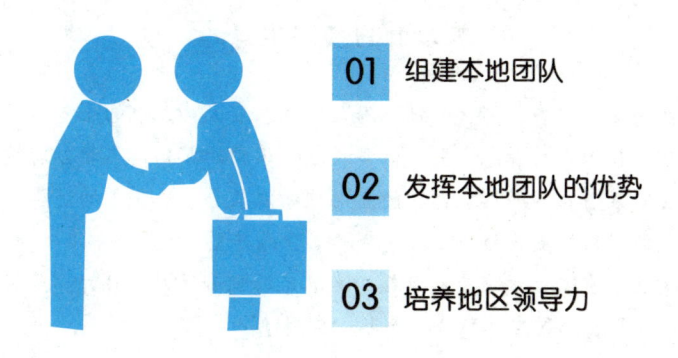

03 培养地区领导力

图2-7 培养地区管理团队的三个关键

1. 组建本地团队。地域市场的多样性要求企业拥有能够深入了解本地规则、文化和市场动态的本地团队。企业应聘请具有地方市场工作背景的人才,或者通过内部培训使现有员工熟悉本地市场的特色。这样的团队会更有效地探索适合当地市场的营销途径,推广策略,甚至是产品创新。

2. 发挥本地团队的优势。一个精通本地语言、风俗习惯、法律法规及市场运营的管理团队,能够在本地化经营中减少文化失误,快速响应市场变化,并在竞争中抢占先机。他们在产品和服务的本土化过程中发挥着不可或缺的作用,他们对本地市场的敏感度能够提升企业决策的准确性。

3. 培养地区领导力。除了组建团队外，企业还需持续投资地区团队的培训和发展。通过提供职业成长路径和领导力培训，企业可以在内部培养具有竞争力的本地领导力量。这不仅增强了员工的归属感和忠诚度，还为企业培育了一批了解总公司战略，同时又能够将其地域化执行的专业人才。

老宋有话说

季大厨的乡宴生意

季大厨是一位在江浙沪地区享有盛誉的乡宴大师，他的手艺和对传统家宴文化的传承在抖音上吸引了众多关注。季大厨深知，尽管当前的农村乡宴依然沿袭着传统的形式，但随着时代的发展和市场需求的变化，乡宴行业必须适应新的发展趋势，向宴会酒店模式转型。

实际上，在四五线城市和乡镇，乡宴市场拥有巨大的潜力。要想成功开拓这一市场，关键在于解决两个核心问题。

1. 宴会酒店需要有专业的团队来管理运营。这个团队应该深入了解并利用农村地区丰富的红白喜事人脉网络，通过合理定价策略吸引顾客。例如，可以根据当地乡宴的价格作为参考，保持价格的竞争力，同时在预订、销售、集中采购、即时供应、中央厨房运作及冷链物流等环节进行有效控制，以降低成本并提升服务品质。

2. 味道是乡宴的灵魂。每个地方的流水席都有其独特的风味，而季大厨强调，在保持这种地域特色的同时，还需要不断创新。以红花肉为例，这道菜虽然全国各地都有，但各地的做法各有千秋。目前许多乡宴采用的是半成品或速食做法，导致原料同质化严重，缺乏特色。因此，宴会酒店应当发挥自身的技术优势，结合当地的传统老厨师技艺，复原那些经典菜肴，以此来吸引食客，提升乡宴的整体品质和口碑。

只要把握好管理和味道这两个关键点，乡宴生意就能在现代餐饮市场中脱颖而出，实现可持续发展。通过精心策划和专业运营，乡宴不仅能够成为乡村文化的重要组成部分，还能为当地经济带来新的活力。

第三节　风口探测：升级战略面对未来挑战

一、洞察市场趋势

在如今这个日新月异的市场环境中，宴会酒店行业也需要跟上时代的步伐，不断地洞察市场趋势，以保持企业的竞争力和市场适应性（如图2-8所示）。

图2-8　洞察市场趋势要考虑的四个方面

1. 市场研究的作用。通过对市场的深入研究，企业可以洞察消费者的需求，从而准确预测即将到来的行业变化。市场研究通常涵盖一系列调研技巧，从覆盖不同人群的问卷调查到数据的汇总与分析，可以帮助企业了解消费者的偏好、行为习惯和潜在需求。

2. 消费者行为的分析。宴会酒店业务的成败常常悬于细微的消费者行为之上。在数字时代,消费者对服务的要求不断提升,并且愿意为个性化和便利性支付溢价。通过分析消费者行为,不仅能够预测他们的未来需求,还能够透视他们对市场上新技术与趋势的接受程度。

3. 技术发展的影响。数字技术,如在线预订系统、智能客房服务,以及虚拟现实宴会体验等,已经开始在宴会酒店行业中展现其潜力。这些技术既能够提高顾客满意度,也有助于提升经营效率。而数据分析工具则能够帮助宴会酒店更精准地理解客户数据,为客户提供更加个性化的服务。

4. 健康和环保的趋势。近年来,随着人们对于生活质量的要求的提升,健康和环保也成为评价一个宴会酒店品质的重要标准。因此,无论是提供有机菜单选项,还是在酒店运营中采用可持续的实践,如减少食品浪费、使用环保材料等,都成为宴会酒店创新服务的方向。

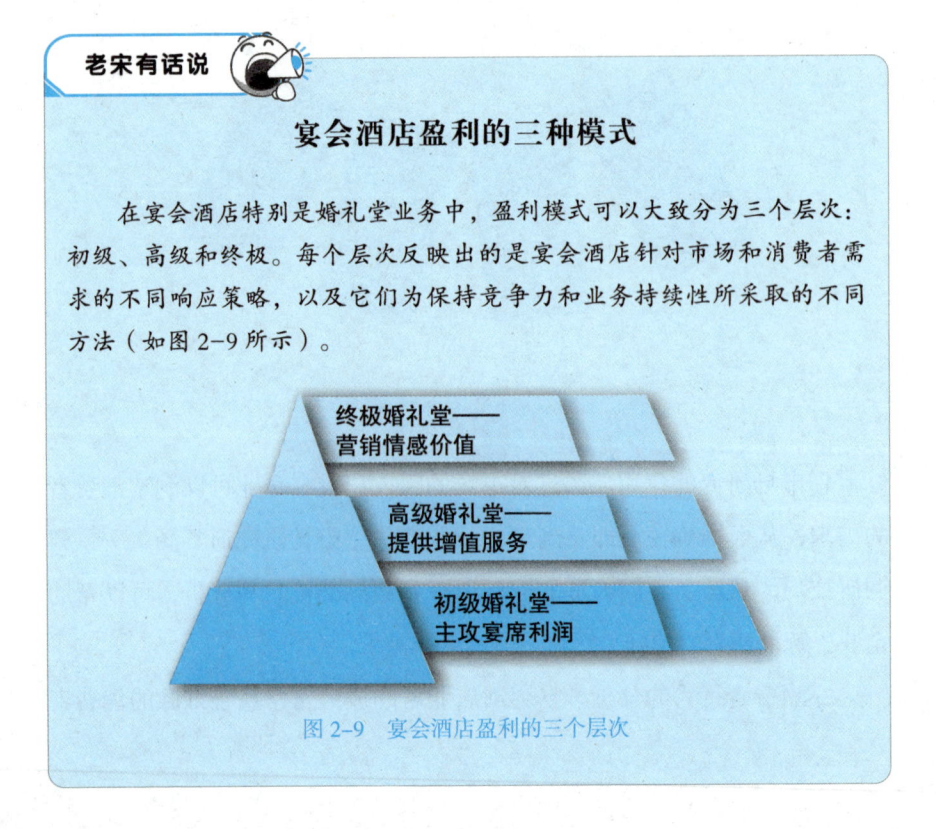

老宋有话说

宴会酒店盈利的三种模式

在宴会酒店特别是婚礼堂业务中,盈利模式可以大致分为三个层次:初级、高级和终极。每个层次反映出的是宴会酒店针对市场和消费者需求的不同响应策略,以及它们为保持竞争力和业务持续性所采取的不同方法(如图2-9所示)。

- 终极婚礼堂——营销情感价值
- 高级婚礼堂——提供增值服务
- 初级婚礼堂——主攻宴席利润

图2-9 宴会酒店盈利的三个层次

> 初级婚礼堂——主攻宴席利润。在这个段位的婚礼堂，主要的收入来自销售宴席。场地费往往是次要收入来源，有时甚至被免除，以吸引顾客来酒店消费。这类场所因为对场地翻新与升级的投入较少，随着市场的变化和竞争的加剧，往往首先面临淘汰的威胁。
>
> 高级婚礼堂——提供增值服务。在成熟的市场中，高级婚礼堂通常会提供更多增值服务，如一站式婚庆服务。通过优化场地的软装设计，它们能够在一场婚礼中获得高达70%的利润，远高于宴席本身的利润。这类场所持续更新产品，提升服务质量，因而更具竞争力，不容易被市场淘汰。
>
> 终极婚礼堂——营销情感价值。处于行业顶尖水平的婚礼堂，着重于销售服务和情感价值。它们深谙如何通过精心策划的服务体验吸引顾客，例如提供心动的第一次试妆体验（First Look）或满载情感的新娘交接环节，这些体验能够实现从低价套餐到高端套餐的顺利升级。这些细节上的服务能带来极佳的客户体验，使得顾客即便在预算有限时也会感到舒适和满意，坚信这将是他们最适合的选择。在这个层面，终极竞争归结为服务的竞争。

二、提供差异化服务

在宴会酒店行业中，提供差异化服务成为创造非凡顾客体验的关键策略。随着消费者越来越偏好定制化和富有特色的服务，宴会酒店必须采取创新手段以满足这些期望。

1. 个性化宴会体验。优质的宴会服务不再仅限于标准化的流程和固定的菜单选项。现代顾客希望宴会酒店能够提供更多灵活、个性化的选择。这可能意味着从菜品的个性化定制到现场娱乐活动的个人喜好调整，以及会场布置的高度个性化。通过与顾客密切合作，深入了解他们的喜好和需求，宴会酒店能够设计出完美匹配客户预期的宴会方案。

2. 独特的环境氛围。宴会的场地不仅仅是举办活动的空间，而是创造氛围和体验的关键元素。通过巧妙地设计布置，利用照明、声音和其他多媒体元素，宴会酒店可以营造出一种特殊的氛围，无论是奢华典雅还是现代时尚，都能使活动引人入胜，留下深刻印象。

3.创新的服务流程。随着科技的进步，宴会酒店有机会利用最新的技术来升级传统的服务模式。例如，采用VR技术让顾客在宴会还未举办前就能够虚拟体验场地布置，使他们更有参与感和预期管理。此外，通过数字应用、触摸屏等交互式设计，顾客可以更加便捷地管理他们的活动细节，从而提供一个无缝和定制化的服务体验。

4.主题宴会创意。对于想要举办与众不同、一生难忘的宴会的客户，主题宴会是一个极具吸引力的选项。宴会酒店可以针对特殊的节日、年度庆典或文化大事件，设计出富有创意和创新性的主题宴会方案。无论是历史复兴、电影世界、旅行梦想，还是未来幻想，这类主题宴会都能为参与者带来难以忘怀的经历。

老宋有话说

宴会酒店行业的盈利前景

关于宴会酒店行业的未来趋势，市场上有着不同的声音和疑问。许多人好奇这一行业的盈利前景能持续多久，而宴会酒店的经营者们则更应该深思这个问题。

宴会市场当下的变化和态势，实际是社会发展的必然结果。年轻人对于婚礼的看法正在发生变化，但这并不意味着宴会业的没落。事实上，宴会市场的竞争加剧和消费者需求的提升，其实是市场成熟的体现，亦反映出消费正处于升级换代中。在这个行业中，经营者需要适应这样的变化，革新服务和产品，以满足消费者日益增长的品质要求。

以往简单布置的大厅宴会已不再能满足新人的要求，他们寻求有特色的婚宴厅、更高的层高、更独特的样式和更合适的位置。这些需求变化促使宴会酒店必须提升自己的服务品质和竞争力。

市面上确实存在经营模式各异的宴会酒店，比如有的宴会酒店不收取厅租，而有的酒店虽然厅租昂贵，菜品质量一般，但每年却能够接到远超前者的婚礼数量。这背后，涉及的是选址策略、项目定位、产品方案及品牌运营等多个因素的综合影响。

市场并非一成不变，城市之间的差异反映出不同的市场机会和挑战。有的市场已经趋于饱和，而有的市场仍是一片空白，等待企业家的进入与开拓。

宴会酒店业要长期生存和盈利，绝不能仅凭一腔热情盲目进入，而是需要深入分析市场，精心制订经营策略，对市场的需求变化保持敏感，并积极调整以适应这些变化。只有这样，才能在竞争日益激烈的宴会市场站稳脚跟。

三、升级技术与智能化

在数字时代的浪潮中，技术的逐步进化正在持续地塑造宴会酒店行业的未来。实现智能化升级不仅仅是提高服务效率的手段，更是构建客户体验、提升业务水平和开拓创新服务的关键。想要实现智能化升级，酒店可以从以下四个方面考虑（如图 2-10 所示）。

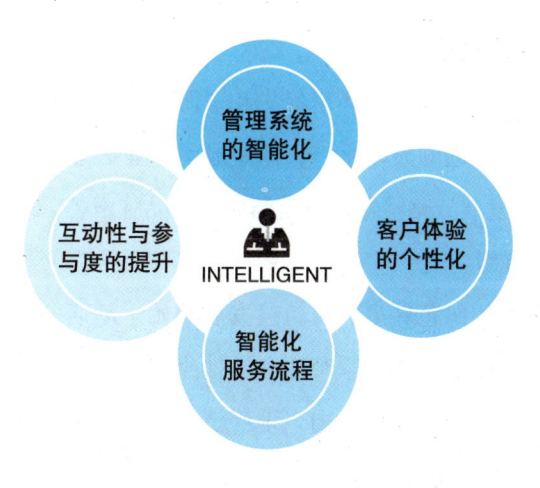

图 2-10　智能化升级的四个方面

1. 管理系统的智能化。随着云计算和移动技术的发展，宴会酒店正在引入智能化的管理系统，例如集成的预订系统和客户关系管理（CRM）平台。这些系统能够实时更新宴会的预订状态，优化房间的分配，以及管理客户的特殊要求，从而简化传统流程，提升效率。

2. 客户体验的个性化。利用大数据和分析工具，酒店能够精准掌握客户的喜好和行为模式，进而提供更加个性化的服务。例如，根据历史消费记录为客户推荐菜品或宴会主题，甚至在客户到达之前，就能够准备好符合其喜好的房间设置。

3. 智能化服务流程。人工智能在宴会设计与流程管理方面显示出巨大潜力。AI 可以协助工作人员在宴会筹备阶段进行高效的决策，比如自动调整座位布局以满足客户需求，或者在宴会进行中实时处理变更请求。此外，通过使用聊天机器人或智能自助服务终端，提供信息查询和即时服务，进一步提高客户体验。

4. 互动性与参与度的提升。智能设备，如互动触摸屏和虚拟现实体验，能够使顾客积极参与宴会设计过程，创造更具沉浸感的体验。而通过社交媒体和移动应用整合，宴会酒店可以与客户建立起更加直接的交流与互动，加深客户的参与感和满意度。

四、可持续发展

在当今这个越来越注重环境保护和资源节约的时代，可持续发展已不再是宴会酒店可选的战略之一，而是成了企业必须持续考量的核心价值。实现可持续发展战略将帮助宴会酒店提升品牌声誉，满足客户的期望，甚至实现成本节约。

1. 采购策略的绿色转型。可持续发展起始于酒店的采购决策。选择有环保认证的供应商，购买季节性和本地生产的食材，不仅能够降低碳足迹，还能支持当地农业，助力当地经济。此外，优先采购公平贸易产品和利用可再生资源也是推进可持续发展的重要一环。

2. 运营流程的优化。宴会酒店在日常运营中需致力于节能减排，比如使用节能灯具，实施智能供暖冷却系统，采纳水资源循环利用技术等。此外，简化服务流程，比如减少纸张使用和优化线上服务，不仅能降低运营成本，还能减少对环境的影响。

3. 废弃物管理和循环利用。宴会酒店在举办活动时会产生大量的废弃物。通过引入垃圾分类制度，提倡减少食物浪费，以及建立食材和资源循环利用系统，可以极大地提高资源使用率，减轻对环境的负担。

4. 环保产品与服务的推广。使用可回收或可降解的餐具和包装，提供有机健康食品，以及使用无毒的清洁产品，这些举措能够减少对人体和环境的危害，并且赢得顾客的信任与支持。利用这些措施作为营销亮点，也能够有效吸引那些高度重视可持续生活方式的消费者。

5. 建立绿色能源体系。从能源使用角度出发，宴会酒店可以采取安装太阳能板、使用生物质能源或其他绿色能源解决方案来减少对传统能源的依赖。虽然初始投资可能较高，但从长远来看，这些措施将能帮助酒店降低能源成本，并减少温室气体排放。

老宋有话说

赚同行的钱

在宴会酒店行业，婚礼堂模式的成熟代表着一种收入增长的新机会。但一些从业者可能会问，对于资金密集的宴会酒店来说，转型为轻资产运营企业是否更为明智？让自己具备这四个条件，你也可以赚同行的钱。

1. 创新的商业模式。成功的宴会酒店往往拥有别具一格的商业模式。它可能与众不同，会引领市场消费趋势，或能够更快盈利且具有较强的市场风险抗击力。创新体现在简化客户获取流程、提供差异化服务或体验、开发新的收入模式等方面。

2. 高效的执行力。宴会酒店行业竞争激烈，有效快速的执行力是吸引

> 同行资金的重要条件。能够迅速从试错中学习并持续优化其商业模式和运营流程的企业，将更可能保持竞争优势，而那些沉溺于往日成就和社交应酬的企业往往会错失前进的良机。
>
> 3.良好的资源整合能力。宴会酒店需要高效地整合和利用内部和外部资源，无论是项目的推进、团队协作，还是与客户、供应商和合作伙伴的关系管理。内部的运营流程需要不断优化，并在扩张时能够高效外延。外部资源则包括利用B端客户流量、建立信任、开辟转化渠道，以及供应链和人力资源的合理配置等。
>
> 4.专业的流程和标准。开展新店筹建工程，不仅需要一支强有力的团队，企业负责人本身也应该展现出高度的专业性。这从品牌推广、产品营销到运营管理的每一个环节都显得至关重要。没有专业度，就无法赢得市场和行业同行的信任。
>
> 无论是选择传统模式，还是转型到轻资产运营模式，宴会酒店企业要在激烈的市场竞争中脱颖而出，就必须具备以上要素，这些将是吸引同行资金和保持行业竞争力的关键。

五、培育创新文化

在快节奏且竞争日益激烈的宴会酒店行业中，创新已成为企业生存和发展的重要驱动力。为此，企业需致力于培养一种创新文化，激励团队积极思考，并勇于实践新想法。这种文化的核心，在于建立一个支持创意、包容失误和提倡持续学习的环境，具体包含以下五个措施（如图2-11所示）。

1.鼓励创新思维。企业应当鼓励员工跳出传统思维模式，勇于提出创新的思路和方案。可通过举办定期的创意工作坊，引入跨部门头脑风暴会议，以及设置员工创意项目等方式，激发员工的创新灵感。

2.容错机制的建立。创新无法离开试错过程。企业必须建立一种容错机制，允许员工在尝试新方法时不必过分担忧失败。通过分析试错产生的结果，学习和吸取相应的教训，既能提升员工的实践能力，也能

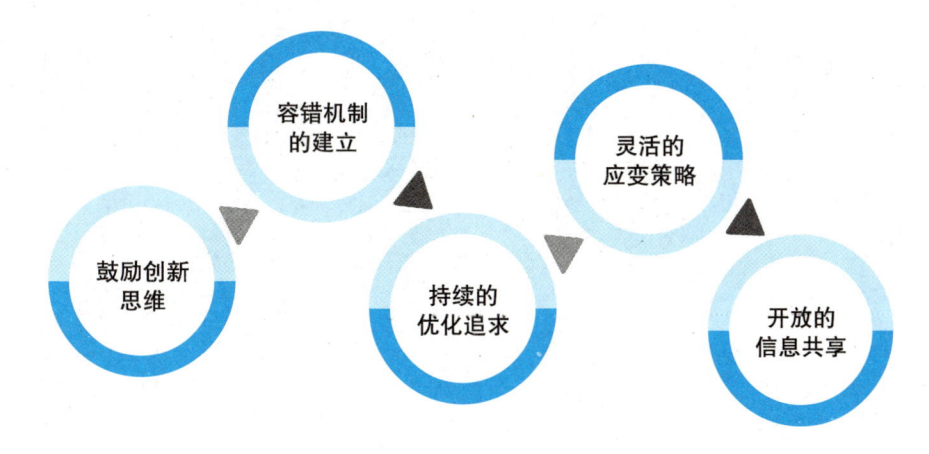

图 2-11　培育创新文化的五个措施

积累宝贵的经验。

3. 持续的优化追求。创新文化不单是关于创造全新的理念，同样也涉及改进现有流程与服务。鼓励员工关注工作中的不足，提出优化建议，不断追求更高效、更优质的工作方法和服务标准。

4. 灵活的应变策略。企业需培养员工对市场动态的敏锐洞察力和快速响应能力。通过对员工进行战略灵活性培训，强化其变革适应能力，确保在市场环境发生变化时，企业能够迅速调整战略指向，把握新的商业机会。

5. 开放的信息共享。信息的透明和共享是创新文化的一大支柱。当员工能够方便地获取企业内外的信息，了解市场趋势和消费者需求时，他们将更能基于全局视角来提出创新点子。

Hotel Banquet

第三章 营销战场

全方位驾驭宴会酒店的策略

第一节　营销体系：构建宴会营销的精密系统

一、宴会营销的前置条件

宴会营销的前置条件是确保宴会酒店成功经营的关键因素，它包括以下六个重要方面（如图3-1所示）。

01	02	03	04	05	06
品质	功能	风格	品牌形象	用户评价	营销策略

图3-1　宴会酒店成功经营的六个关键因素

1.品质。品质是顾客用来衡量宴会酒店价值的首要标准。顾客的第一印象通常源于酒店外观的设计和装修的品质，高品质的材料和精致的装饰工艺会立即引起顾客的注意。例如，入口处精美的招牌、优雅的大堂设计，以及细腻的装修细节，都能够强化客户的第一印象，提高他们对酒店整体服务品质的期待。

此外，优雅和舒适的客房、洁净的餐厅、完善的健身娱乐设施等，都是酒店品质的重要组成部分。在服务层面，员工的专业形象和服务态度同样会体现宴会酒店的品质。训练有素、礼貌周到的员工能给顾客留下深刻印象，促进顾客对酒店的信任和好感，从而为酒店赢得口碑，提高回头率。

细节决定成败。不管是硬件设施，还是员工服务，只有将品质贯穿于客户体验的每一个环节，才能确保宴会酒店立于不败之地。

老宋有话说

产品第一，营销第二

在宴会酒店行业，营销策略的制订应始终遵循一个基本原则：产品第一，营销第二。这意味着无论装修档次如何，产品的质量始终是最重要的，而营销则是次要的。这里的"产品"指的是宴会厅的装修和宴席菜品，这两个要素必须保持在一定的质量水平上，既不能过高也不能过低，以此来确保销售量和利润的双重保障。

如果宴会厅在当地市场的定位较高，那么定价策略应不超过当地结婚消费平均水平的20%，这样可以保持销量不受影响，同时也不至于损害利润。然而，定价是否合理，还需根据产品的实际价值来评估，即装修和菜品的整体服务能力是否能够支撑高出市场20%的价格。

如果宴会厅在当地市场的定位是中档偏下，那么定价就不能过高，但同样不能低于市场平均水平，这是为了确保既能吸引顾客流量，又能获得利润。通过比较各个宴会厅的销量，可以判断定价是否合理。如果某个厅的年销量超过其他厅30场以上，可能意味着该厅的定价偏低；相反，如果某个厅的年销量最低，且低于其他厅超过30场，那么可能定价过高。这两种情况都会导致收益减少，因为定价过高会减少场次，而定价过低则会造成资源的浪费。

无论是高端还是中档偏下的市场定位，宴会厅的产品和服务质量都应当作为首要考虑的因素，而合理的定价策略则是确保销量和利润的关键。通过对产品价值的准确把握和市场定位的清晰理解，宴会厅可以在保证产品质量的同时，通过有效的营销手段吸引顾客，实现商业成功。

2. 功能。功能性是宴会酒店的核心，它直接影响顾客对酒店的总体评价和体验。酒店必须提供适合各类宴会需求的设施，如多功能的宴会厅、高效的音响灯光系统、宽敞的舞台及灵活的座位布置等。这些功能性设计能有效适应婚礼、企业会议、社交活动等多样化的宴会形式。

宴会期间，顾客可能需要各种各样的服务，如专业的宴会策划、现场婚礼管家服务、技术支持等，以保证活动顺利进行。宴会酒店要确保每项服务都能及时、高效地满足客户的特定需求。比如，技术团队需要随时待命以解决可能发生的任何技术问题；宴会团队需要根据顾客的需求灵活调整宴会流程等。

因此，酒店的功能性不仅体现在住宿和餐饮服务上，更重要的是宴会服务的层面。打造一流的功能性设施，并提供无缝的宴会服务体验，是宴会酒店竞争中脱颖而出的关键。

3. 风格。风格是酒店个性的直接体现，对顾客选择和评价酒店起到决定性作用。无论是现代化、经典传统，还是异国情调的装饰风格，宴会酒店的整体设计语言需要和其品牌形象及目标顾客的喜好保持一致。每一个细节，从门店外观的景观、大厅内的艺术装置到客房的布局和饰品的选择，都应该围绕统一的风格来布置，以确保给顾客留下深刻而一致的印象。

风格塑造的成功诀窍在于强调差异化，即通过酒店独特的氛围和个性吸引顾客。宴会酒店可以根据市场调研和顾客反馈不断优化自己的风格，使其更贴近目标顾客的期望。同时，宴会酒店要注意随着潮流和时尚的变化微调自己的风格，以保持鲜活和吸引力。

通过筹建经验和专业的室内设计团队的帮助，宴会酒店能够打造出一个既能反映出其品牌价值，又能让顾客感到舒适和享受的环境，从而在顾客心中留下无可替代的品牌印象，提升客户忠诚度，巩固市场地位。

4. 品牌形象。品牌形象是宴会酒店长期成功的关键因素。它不仅涵盖了本地民众对酒店的认知和信任度，也蕴含了品牌知名度和服务口碑。优秀的品牌形象能够在无须过多广告宣传的情况下，令顾客凭借品牌的力量自发选择它。良好的品牌形象来自顾客稳定而积极的感知，它是酒店长年累月服务质量、顾客体验及公共关系的综合表现。

一个好的宴会酒店品牌形象包括其历史、传统、故事及顾客的连续体验。酒店要通过一致性的视觉设计、广告消息、顾客服务及互动体验来构建品牌形象。一个鲜明且积极的品牌形象可以吸引新顾客、留住老顾客，并在市场上建立可信赖的声誉。品牌的定位应该清晰、一致，且要不断通过社交媒体、客户评价和口碑来加强。

老宋有话说

论品牌信任感有多重要

品牌信任感的建立是宴会厅营销中的首要任务。在当今市场，消费者对品牌的信任度直接影响着他们的购买决策。一个强大的品牌不仅能够吸引新客户，还能够维系老客户的忠诚度。对于宴会厅而言，品牌信任感的构建涉及多个层面（如图3-2所示）。

1. 品牌形象。通过专业的视觉设计，包括标志、色彩、装饰风格等，营造出一种高端、专业的氛围，使客户在首次接触时就留下良好的第一印象。

2. 市场口碑。积极的用户评价和推荐是构建信任感的关键。宴会厅应鼓励满意的客户分享他们的正面体验，并通过社交媒体、在线评价平台等渠道传播这些声音。

3. 历史成就。展示宴会厅过去的成功案例，如举办的知名人士婚礼、获得的行业奖项等，可以增强品牌的权威性和专业性。

4. 社会认可度。积极参与社会公益活动，与当地社区建立良好关系，提升品牌的社会责任感，从而获得更广泛的认可。

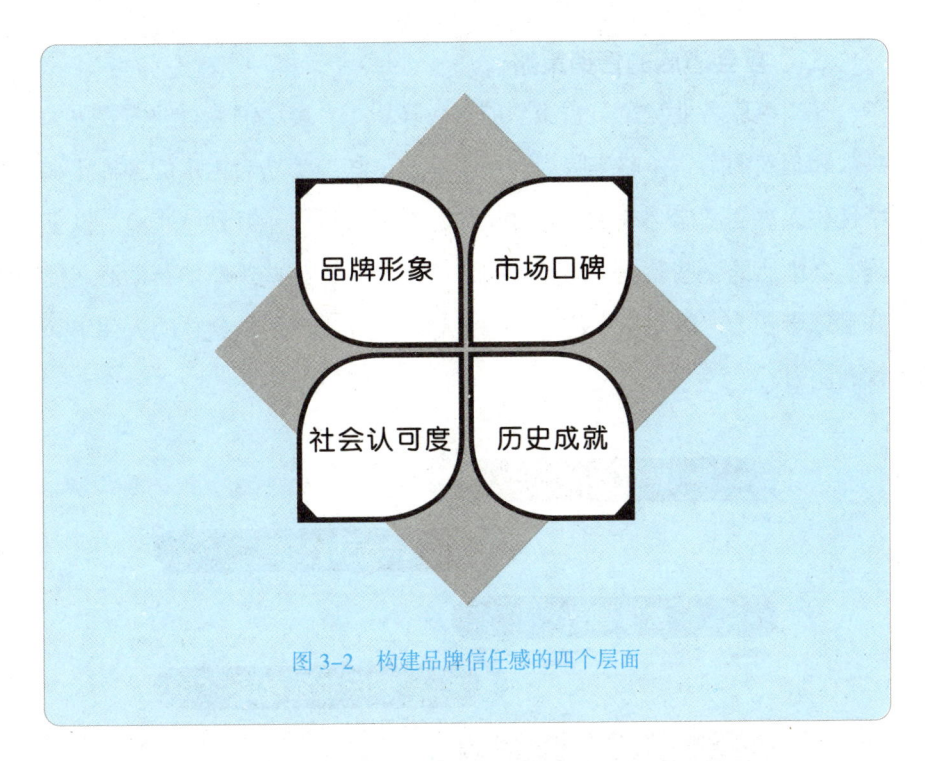

图 3-2　构建品牌信任感的四个层面

5. 用户评价。顾客转介绍的成交率通常很高，这主要是因为用户评价是可信度极高的推广方式。顾客的满意度和他们的推荐对于宴会酒店的声誉至关重要。顾客的正面评论不仅可以帮助宴会酒店塑造良好的公众形象，还能有效吸引新顾客，并成为提升服务质量的依据。

用户评价的重要性在今天这个互联网时代越加凸显。宴会酒店应积极鼓励顾客分享他们的体验，无论是通过线上评价平台，还是口头推荐。顾客的肯定是对酒店服务水平的直接认可，而他们的建议也是宴会酒店不断改进和完善服务的重要参考。另外，积极应对顾客的负面评价也是提升服务标准的有效途径。

6. 营销策略。即使拥有优异的产品质量，也需要借助精心策划的营销策略来确保品牌信息的有效传播。品牌营销不仅是推广酒店服务的手段，更是展现酒店价值和理念的途径。良好的营销策略能够将产品的优势转化为顾客的认知，提升产品的市场能见度和竞争力。

二、宴会酒店的营销策略

在当今服务业竞争日益激烈的市场环境下,宴会酒店行业需要更为高效和创新的营销策略来吸引和维护客户。随着消费者需求的多样化和个性化,宴会酒店必须采取全方位的营销手段以展示其独特卖点。以下是宴会酒店的一些营销策略(如图3-3所示),这些策略能帮助酒店提升品牌影响力,吸引更多的目标消费者,从而提高酒店整体的入住率和盈利能力。

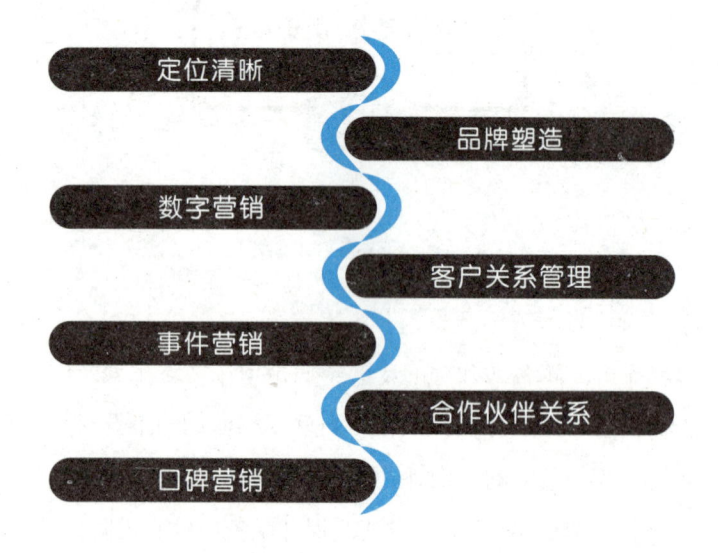

图3-3 宴会酒店营销的七个策略

1. 定位清晰。宴会酒店的成功开始于对其核心价值主张和目标市场的清晰认识。这不仅涉及理解和满足消费者的具体需求,更关乎如何将这些需求转化为服务的核心。一个明确的定位有助于酒店在竞争激烈的市场中突出其独特性,并传达一致的品牌信息,确保营销活动的精确性和有效性。通过确定目标客群、品牌的性格和服务的独特卖点,宴会酒店能够吸引和保留理想的消费者群体,从而建立起稳固的市场立足点。

2. 品牌塑造。品牌塑造是宴会酒店营销中至关重要的环节,它不仅反映在视觉标识的设计上，更包含在每一次客户接触的细节之中。一个强有力的品牌形象需要通过连贯且优质的服务体验来不断加强，同时结合独特而吸引人的视觉设计和品牌故事，来赢得顾客的心。高品质的品牌建设战略不仅包括独有的标识设计，更包括前沿的内部装潢风格和引人入胜的感官体验。这样的品牌策略能够深深植根于消费者心中，从而使自家品牌成为他们选择宴会服务时的首选，继而提升顾客的忠诚度和长期回头率。

3.数字营销。数字营销在现代营销策略中占据了举足轻重的地位。宴会酒店可以通过有效利用数字工具，如社交媒体、搜索引擎优化（SEO）及内容营销等，来建立和优化其网络形象。一个内容丰富且具备高度互动性的在线平台，不仅能够吸引潜在的客户，更可以通过分析来自不同渠道的数据来优化市场策略，从而在竞争激烈的网络空间中脱颖而出。宴会酒店能通过这种方式增强其线上曝光度，吸引新客户同时也持续触达现有顾客，确保品牌信息的传播效率和品牌形象的一致性。

老宋有话说

借助短视频和直播提升客流

在新媒体时代，短视频和直播成为吸引客流的有效方式。宴会酒店借助这些平台不仅能推广自己的服务，还能直接促进消费。以下是四个提升宴会酒店客流的策略。

1.营销视频内容定制。制作宴会酒店的短视频广告的关键在于餐饮和场景的有机结合。要精准捕捉并展现那些能激发潜在宾客，尤其是准新人及其家长到店消费冲动的元素，通过生动的内容与酒店的宴席服务和宴会环境相结合，刺激消费者的购买欲望。

2.本地流量为王。在抖音等平台上，本地粉丝和流量尤为重要。宴会酒店不应仅仅追求高流量和点赞数目，更应关注吸引本地顾客。发布内容时，应附上店铺的具体位置、本地特色美食标签，以此吸引更多本地粉丝和提高视频曝光率。

3. 利用直播带动消费。直播可以被视为宴会酒店的"数字卖场"。若条件允许，宴会酒店应当开启直播，将内容聚焦和受众细分，如直播宴会厅的环境和宴会套餐的细节。这样一来，直播不仅是展示，更是推动直接销售的平台节目。

4. 美食探店达人助阵。与本地有影响力的美食探店达人合作，进行外部推广，可以有效提升基础销量并增加城市内的关注度。选择与本地粉丝众多的美食达人合作，更能确保推广效果和本地用户的流量转化。

4. 客户关系管理。宴会酒店的成功依赖于其能否维护与客户的稳定且长期的关系。通过定制化的服务、会员优惠和积极的客户反馈收集，酒店可以大幅提升客户的忠诚度和满意度。一个全面的客户关系管理（CRM）计划不仅包括上述元素，还应该有着定期沟通的机制和专属的客户福利。这种旨在巩固客户关系的策略有助于宴会酒店在激烈的市场竞争中提供更具有针对性和个性化的服务，从而促进顾客的长期回访和口碑推荐，建立起牢固的客户群体。

5. 事件营销。事件营销是连接顾客与宴会酒店的重要途径。通过精心策划和参与各种活动，例如婚庆展览会、节日庆典等，酒店可以显著提高其品牌的公众曝光率。这些活动提供了向潜在客户直接展示酒店服务的机会，同时酒店也可以利用公共关系策略，加强与公众的互动和沟通。甚至更进一步，通过活动营销，宴会酒店可以展现其服务特色和宴会主题，吸引特定目标客户群，建立起与潜在顾客的深层联系。

6. 合作伙伴关系。建立稳固的合作伙伴关系是宴会酒店拓展业务和提升服务的有效方式。与婚纱影楼、婚庆公司等行业相关供应商建立合作关系能够为顾客提供一站式服务体验，这种互惠合作模式有助于扩大客户基础并丰富服务内涵。另外，通过建立跨领域的合作，例如与娱乐服务商的联盟，宴会酒店可以进一步提高自身的市场竞争力，通过合作伙伴的人脉网络拓展其客户群，并增加额外的服务价值维度。

7. 口碑营销。积极的口碑是宴会酒店营销中不可忽视的力量。通过提供卓越的客户体验并建立有效的反馈机制，宴会酒店可以鼓励顾客在线上分享自己的积极体验，增加酒店的正面评价和推荐。满意的客户会成为品牌的自发传播者，他们的推荐对潜在顾客有着极高的影响力。因此，口碑营销不仅能够为宴会酒店带来新客户，还能在市场上构建起酒店的信任基础，从而促进长期的品牌忠诚度和客户关系维护。

老宋有话说

用对营销模式

宴会酒店在制订营销策略时，不应盲目模仿普通餐饮店的促销优惠模式，因为这两者的市场性质不同。应该更加精准地定位自己的市场地位，维护现有客户，并通过提供高质量的服务和独特的客户体验来吸引潜在客户，而不是简单地通过价格优惠来争夺市场份额。这样的策略更有利于长期的商业成功和品牌建设。

1. 市场定位差异。普通餐饮店的促销活动通常针对的是增量市场，即通过刺激消费者的购买欲望来增加新的销售额。然而，宴会酒店服务的是存量市场，顾客通常不会因为优惠活动而举办原本没有计划的宴会。因此，宴会酒店的促销应当更加注重维护和提升现有客户的忠诚度。

2. 高消费人群的选择。在大多数城市中，高消费人群倾向于选择当地的顶级星级酒店举办宴会，而其他大部分人可能会选择一般的宴会厅。这意味着宴会酒店应专注于提供与竞争对手不同的独特价值，以吸引目标客户群。

3. 竞争与定价策略。在一个份额有限的市场中，如一个县城每年的结婚新人数量有限，过度的价格竞争（如降价或免费服务）会导致恶性竞争，最终可能损害所有竞争者的利益。因此，宴会酒店应该避免单纯的价格战，而是通过提高服务质量、创新体验和精准定位来吸引顾客。

三、营销体系的搭建

在宴会酒店行业中,老板们往往忽视了营销体系的重要性。他们认为只要业绩好,就无须研究营销。然而,这种想法是错误的。营销体系的建立,不仅能提升销售业绩,还能使企业更具竞争力。以下是搭建营销体系的四个关键步骤(如图3-4所示)。

01 规范销售的内容
02 完善销售场景
03 优化销售话术
04 引爆单店的流量

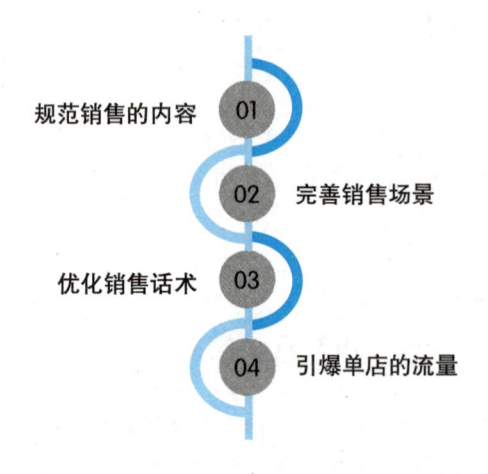

图3-4 搭建营销体系的四个步骤

1. 规范销售的内容。规范销售的内容是搭建营销体系的基础。例如,酒店可以提供不同价格的宴席套餐供客人选择,同时每个套餐中还有几款同等价位、不同味型的菜可以替换。此外,酒店还可以提供基础布场加基础服务的婚庆套餐,以及若干升级方案供客人选择。这样,无论销售人员的专业水平如何,都不影响他们成为销售冠军,因为他们背后有一套强大的营销体系在支撑。

2. 完善销售场景。完善销售场景也是非常重要的。酒店需要营造一个让客人对我们的品质和服务充满信任的场景。例如,酒店可以借鉴售楼部的模式,为客人提供一个舒适的交谈室。同时,酒店还可以根据客户的喜好,提前预判并选择相仿的厅进行展示。在这个过程中,酒店需要形成严格的销售程序,这样在跟单环节会省事很多。

3. 优化销售话术。优化销售话术也是搭建营销体系的重要环节。酒店需要根据客户的需求，选择相应的产品推销话术，并通过问答解疑来打消他们的顾虑。同时，酒店还需要通过活动话术来促进跟单成交。为了提高销售人员的语言技巧，酒店需要不断地进行训练、模拟和考核。

4. 引爆单店的流量。引爆单店的流量是搭建营销体系的关键。无论是通过自身条件吸引客户，还是通过宣传引流，再或者是通过口碑宣传等，只要有源源不断的流量，酒店的销售体系就是完善的。

老宋有话说

新开业婚礼堂成功之道

新开业的婚礼堂老板们需警惕：在当地宴会市场竞争中排名靠前并不意味着可以骄傲自满。若大多数客户在没有任何接触的情况下直接选择使用你的服务，这就不能反映出销售团队能力的强弱，特别是对于那些新建成的一站式宴会酒店更是如此。

成功的酒店经营是不允许随意参观的，这意味着没有通过预约而联系的客户非常少，保持这种专业性对建立客户信任至关重要。因此，我建议你抓住当前赚钱的黄金时机，采取以下措施：

第一，建立营销体系。积极建立和巩固品牌地位，确保你的婚礼堂在客户心中有着稳固而优质的形象。

第二，规范销售系统。整顿销售队伍，确保每个团队成员都能有效地吸引客户、拓展业务并实现签单转化。

第三，优化服务标准。制定并实行严格的餐饮服务和婚庆团队的服务标准，通过规范的培训和操作流程确保高水准服务的一致性。

拥有了强大品牌、高效运营和卓越服务质量，竞争对手也就不足为惧。对市场的细微变化保持敏感，持续改进业务运作，是确保你的婚礼堂长期盈利、抵御竞争的关键。记住，即使你当前处于领先地位，也不可以有丝毫松懈，因为市场竞争是残酷的，一旦停滞不前，很快就会被对手超越。

第二节 销售团队：打造宴会业务的精英部队

一、专业培训：激活销售潜能

在当今竞争激烈的宴会业务市场，一个公司的成功与否往往取决于其销售团队的能力和表现。因此，对于销售团队的专业培训应被视为一项重要投资，而不仅仅是一种成本。通过系统化的培训和持续的职业发展计划（如图3-5所示），销售团队能够在激烈的市场竞争中保持领先。

- 01 理论与实操结合的系统培训
- 02 定期更新的市场趋势培训
- 03 销售技能的专项强化训练
- 04 激励机制与职业发展规划

图3-5 销售团队应进行的四种培训

1.理论与实操结合的系统培训。要激活销售团队的潜能，理论知识与现实操作技能的结合至关重要。系统性培训程序不应仅仅限于传授销售的基本理念，而应深入实际销售技巧、客户心理分析、产品特性详解等方面。通过这种全面的培训，销售人员能够更好地理解市场需求，并运用专业知识有效地解决客户问题。

2. 定期更新的市场趋势培训。市场变化无常，持续更新销售人员对市场趋势的认知是提升销售战略有效性的关键。这需要定期组织研讨会和培训课程，关注行业发展、竞争对手动态和客户行为模式的变化。销售人员通过这些培训，可以及时调整销售策略，迅速响应市场变化。

3. 销售技能的专项强化训练。为了提升销售团队的执行力，专项的销售技能训练不可或缺。这包括但不限于沟通技巧、谈判策略、客户关系管理等方面。精心设计的模拟销售场景和角色扮演可以帮助销售人员在安全的环境中练习，并从中学习如何在真实场合中有效应对各种销售挑战。

4. 激励机制与职业发展规划。人才的培养与留存需配合有效的激励机制和职业发展规划。鼓励销售团队实现目标，可以采用奖励和晋升机会等手段。同时，帮助他们规划职业发展路径，对于激发销售人员的长期潜能和忠诚度至关重要。

老宋有话说

沟通先行

在婚礼堂行业，销售沟通的目标是明确且具体的：确保客户坚信你的店铺是他们举办婚礼的最佳选择。为了实现这一目标，以下三个关键方面需要被充分考虑并执行。

1. 品牌信任感的建立。客户在选择婚礼场所时，首先会考虑品牌的可信度。品牌的形象、市场口碑、历史成就及社会认可度都是构建信任感的重要因素。婚礼堂需要通过一贯的专业表现和高质量的服务来树立这种信任感，让客户感到选择你的店铺是可靠的。

2. 产品价值的传递。产品是品牌承诺的具体体现。在婚礼堂业务中，产品包括宴会厅的布置、餐饮服务、婚庆策划等。销售人员需要向客户清晰展示产品的独特价值，包括菜品的质量、服务的专业性及价格的合理性。通过展示产品的高性价比，让客户确信选择你的服务是值得的。

3. 销售人员的综合能力。销售人员不仅要传达情感、价值、口碑、价格和活动信息，还要能够将这些要素融合在一起，以增强客户的价值感。此外，销售人员的倾听和理解能力同样重要，他们需要能够解决新人的问题，并客观评估团队的沟通能力。团队协作也是至关重要的，例如，如果菜单更新后获得了积极的反馈，销售人员应有信心并将这一正面信息传达给客户，从而提高销售成功概率。

二、激励机制：增强团队动力

在推动宴会业务的销售队伍中，激励机制起着关键的作用。通过精心设计的激励方案（如图3-6所示），可以调动销售团队的积极性，激发他们实现业绩目标的动力，最终促进整个企业业务的增长和扩张。

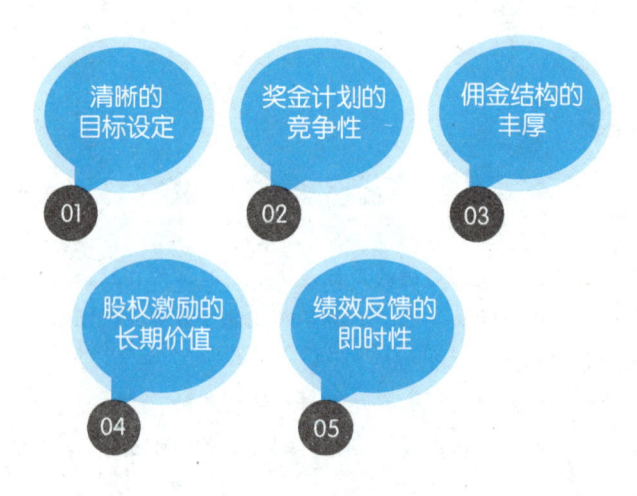

图3-6 激励方案的五个重点

1. 清晰的目标设定。为销售团队设定明确的业绩目标是激发动力的第一步。这些目标需要具备可量化、具有挑战性、可实现的特点。销售团队要明确知道他们需要达成的销售额，以及实现这些数字背后的动机和意义，将会更容易集中精力实现目标。

2. 奖金计划的竞争性。制定有吸引力的奖金制度是强化销售团队动力的有效手段。当销售人员知晓他们的辛勤工作能够带来额外的经济回报时，将会更加积极主动地工作。这样的奖金计划需要结合市场标准设计，保证能够吸引顶尖的销售人才，并激励他们不断追求卓越。

3. 佣金结构的丰厚。突破传统固定工资的局限，引入丰厚的佣金结构能够有效地激励销售人员。佣金制度能够将个人收入直接与业务成果挂钩，增加工作的积极性。这种结构旨在鼓励销售人员为每一次销售尽全力，与企业共同成长。

4. 股权激励的长期价值。不同于短期的财务激励，股权激励是对销售团队进行长期价值投资的方式。通过给予股权或认股权，销售人员能够分享到企业成长的成果，这不仅提高了他们对企业的忠诚度，而且与企业的长期目标保持一致。

5. 绩效反馈的即时性。持续的进度反馈和绩效评估也是提升销售团队动力的重要环节。定期的激励机制评估和及时的业绩反馈能够帮助销售人员实时了解自己的工作状态，并在必要时做出调整。这种透明和即时的沟通能够保持销售团队的动力，并鼓励其持续改进。

老宋有话说

销冠必备的四项能力

销冠的四项能力是宴会厅销售中至关重要的技能，它们不仅能帮助销售人员提升业绩，还能增强客户满意度和忠诚度。

1. 对客的服务能力。这是销售过程中最基本的能力，它直接关系到客户的第一印象和整个购买体验。提升方法包括：熟练掌握标准服务流程，如客户来电咨询时的接听技巧、预约看厅的流程、资料准备等；进行角色扮演和模拟训练，以提高应对实际情况的灵活性和专业性；关注细节，确保每个环节都能让客户感受到专业和尊重，比如提前准备好茶水、在酒店门口迎接客户等。

2. 销售经理的耐心程度。耐心是优秀销售人员的重要品质，特别是在面对犹豫不决的客户时。提升方法包括：深入理解和记忆各个价位套餐的详细信息，以便能够迅速而准确地回答客户的问题；培养良好的倾听技巧，耐心地解答客户的疑问，即使他们多次询问相同的问题；通过情景模拟训练提高耐心，学会在不同情况下保持冷静和专业。

3. 压单和逼单的能力。这是一种更积极的销售策略，要求销售人员能够有效地促成交易。提升方法包括：建立明确的目标和激励机制，如设定销售目标和提成奖金，激发销售团队的积极性；学习并运用各种销售技巧和策略，如限时优惠、特别赠品等，以增加成交的紧迫感；定期举行销售竞赛和团队建设活动，增强团队的合作精神和竞争意识。

4. 复盘的能力。复盘是销售过程中不断学习和提升能力的关键。提升方法包括：建立复盘机制，确保每完成一单或错过一单后都能进行详细的分析和总结；与团队成员分享成功的经验和失败的教训，共同探讨改进策略；定期回顾销售数据和客户反馈，以便更好地理解市场趋势和客户需求。

三、团队协作：打造无缝合作环境

成功的宴会业务离不开一个默契配合、紧密协作的销售团队。在这个团队中，每个成员的个人能力和专长能得到最大限度的发挥，并相互补充，共同努力实现团队的整体目标。要达到这样的团队协作水平，酒店需要打造一个无缝合作的工作环境（如图3-7所示）。

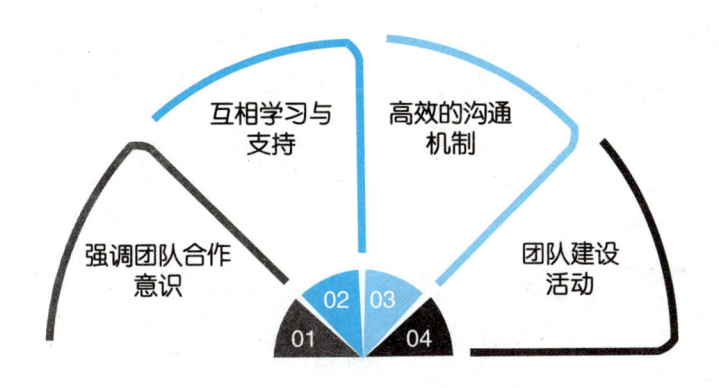

图 3-7　无缝合作环境的四个关键点

1. 强调团队合作意识。要建立这样一个环境，首先需要从企业文化入手。企业文化应当强调团队合作的重要性，并在每一位团队成员心中灌输这一理念。通过分享成功案例和宣导团队协作的价值，可以增强团队成员之间的互助精神。例如，通过团队定期会议分享个人成功经验或是开展团队协作培训项目，可以促进成员们理解团队合作对于销售成功的重要性。

2. 互相学习与支持。团队中成员之间的互相学习与支持是提升团队协作的有效途径。推动成员之间的知识共享、技能交流可以使团队避免资源浪费，而且可以通过积极的互动加深团队成员之间的关系。实施定期的同事互评和反馈机制，鼓励成员对彼此的工作给予积极建议，这样不仅能增强团队内部的连接，还能促进个人的成长与发展。

3. 高效的沟通机制。在团队中建立高效的沟通机制对于无缝的团队合作至关重要。有效的沟通能减少误解和冲突，确保各项工作顺利进行。可以通过定期举行跨部门会议或使用团队协作软件来促进沟通。同时，建设一个开放式的沟通平台，如内部社区论坛或即时消息群组，可以鼓励团队成员随时分享信息和解决问题。

4. 团队建设活动。定期举办团队建设活动也是提升团队凝聚力的有效方法。通过团队外出拓展、工作坊或社交活动，可以帮助团队成员建立更深层次的个人联系，增强团队精神。这样的非正式活动能为团队带来更多乐趣，同时也是团队成员展示领导力和团队精神的良机。

> **老宋有话说**
>
> ### 结婚是一种情感价值
>
> 结婚作为人生中的一件大事，其消费本质上是一种情感投资。对于新人来说，婚礼的价值无法用物质成本来衡量。尽管有人会质疑，为何一个简单的婚礼服务需要收取数万元的费用？但当这个服务符合他们心中的理想风格时，理智往往被情感所取代。因此，婚礼堂的销售策略并不应该仅仅依赖于逻辑或价格竞争。
>
> 婚礼堂的一个宴会厅，尽管装修和布置的成本可能高达50万，甚至更多，但新人只需支付一两万即可享受到这样的环境。对于一生中仅此一次的体验，新人们很难保持冷静和理智。如果销售人员能够成功地触动新人的情感，那么一两万的婚庆费用在情感价值的面前就显得微不足道了。
>
> 我们的目标不仅仅是提供服务，更是为新人创造一段难忘的记忆，让他们在这个特殊的日子里得到情感上的满足。通过提供高质量的服务，我们帮助客户实现他们的梦想，而我们所收取的，是对他们美好回忆的一点象征性的费用。

四、创新销售：适应市场变革

在宴会业务的竞争激烈市场中，创新不仅是推动销售的强大动力，也是企业保持竞争力的基石。销售团队必须不断适应市场的变化，采用最新的销售技术与策略以满足客户的期望和需求。只有这样，企业才能在不断演变的市场中占有一席之地。

1.市场趋势的数据分析。创新销售的第一步是通过数据分析来理解和预测市场趋势。复杂的市场数据包含着关键的消费者行为和偏好信息，这些都是制订销售策略时不可或缺的依据。销售团队需要掌握数据分析的技能，而企业应提供相应的培训和工具，如商业智能（BI）软件。凭借这些数据，销售团队能够预见市场动向，为客户提供他们需要的服务和产品。

2. 营销工具与技术的运用。在社交媒体和数字营销不断发展的当今时代，销售团队必须熟练掌握这些工具和技术。通过社交媒体平台，销售人员可以更快地与客户建立联系，了解他们的需求和喜好。同时，客户关系管理（CRM）系统可以帮助团队有效管理客户信息，提升服务质量，让客户体验更加个性化。有效利用这些工具，将使销售团队在争夺客户时更加得心应手。

3. 策略的灵活调整。市场和客户的需求是时常变化的，销售策略也必须随之调整。团队需要保持灵活和敏捷，根据客户反馈和市场研究快速作出响应。这可能意味着调整销售信息的传播方式、改变产品的定价策略，甚至是更新产品和服务本身。灵活地调整销售策略能确保企业在变化的市场中始终保持前瞻性和竞争力。

老宋有话说

老实人卖不出东西

在婚礼堂行业，定价策略通常与场地的装修档次和厅的规模相关联。高档次的厅自然定价更高，但这并不意味着销售人员在推销时就应当直接强调档次的差异。相反，销售技巧在于巧妙引导客户，使他们基于厅的大小和风格做出选择。

例如，销售人员可以这样向新人推荐："您看，一号厅的价格是28000元，而二号厅则是22000元。我建议您考虑二号厅，我们还可以为您预留旁边的六桌小厅，确保您的桌数需求得到满足。二号厅的风格也是您喜欢的，而且这样您还能节省6000元。这样的方案既经济又实惠，您觉得如何？"

> 通过这种方式,销售人员避免了直接谈论价格和档次的敏感话题,而是侧重于提供性价比高的选择,同时确保新人的需求得到满足。这样,新人不仅会感到满意,还会觉得自己做出了明智的决定,从而减少了结婚当天可能出现的结账问题。
>
> 如果新人因为一号厅的高档次和昂贵的价格而要退一步,不得不选择二号厅,那么他们可能不会真正快乐。这种不情愿的接受可能会在婚礼当天转化为不满,甚至可能导致支付时的争议。因此,销售人员的目标是确保新人在预算范围内找到最适合他们的选项,同时保持对婚礼堂品牌的好感和信任。

五、管理效能:构筑高效组织

在动态的宴会酒店行业中,一个具有较高管理效能的组织是赢得市场竞争的关键。有效的领导和管理不但能确保销售团队的战略联动和运作效率,也能激发团队的潜能,培养团队对成功的持久追求。为此,团队负责人必须具备一定的能力(如图3-8所示),以推动团队向共同目标稳步前进。

- 清晰的指导和目标设定
- 强大的组织和领导能力
- 绩效评估和及时反馈的能力
- 团队文化的塑造能力

团队负责人

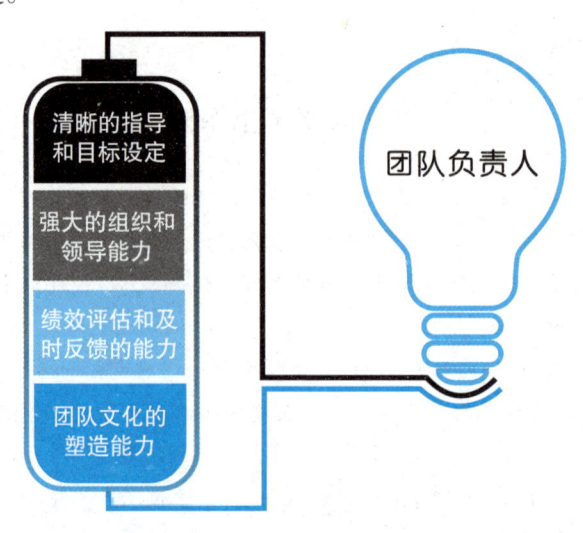

图3-8 团队负责人应有的四方面能力

1. 清晰的指导和目标设定。领导者需要清晰地传达企业的愿景和目标，这是确保所有团队成员都朝着相同目标努力的前提。当团队成员清楚企业的发展方向和自己的角色时，他们能更加有动力和方向感地工作。领导者应借助明确的交流渠道和定期的会议，确保团队每个成员都能理解并聚焦于企业的长远目标和短期目标。

2. 强大的组织和领导能力。成功的销售团队背后，往往有一个组织能力强大的领导者。这样的领导者能够高效地分配资源，合理安排任务，并调动团队的积极性。此外，领导者必须能够处理和解决团队中出现的各类问题，维护团队的稳定与和谐，这对于保持团队高效运作至关重要。

3. 绩效评估和及时反馈的能力。有效的团队管理还包括对销售人员绩效的准确评估与及时反馈。这要求领导者不仅能够关注销售结果，还应关注销售过程中的各个环节，包括销售人员的工作态度、专业技能及客户反馈等。通过定期的绩效评估，领导者能够准确把握每个成员的工作情况，并提供具有建设性的反馈，帮助他们不断进步和成长。

4. 团队文化的塑造能力。一个高效的管理者不仅是战略的制定者和执行的监督者，更是团队文化的塑造者。领导者的行为和态度直接影响着团队成员的行为和态度。因此，领导者需要通过自身的表率作用和积极的激励措施，培养团队成员的忠诚和高效工作的习惯，形成一个积极向上、追求卓越的团队文化。

> **老宋有话说**
>
> ### 销售人员必备的四项能力
>
> 婚礼堂销售人员必须具备四项关键能力，这些能力是他们成功的核心，无论是在培训考核还是职业晋升中，都占有重要地位。

1.理解客户需求的能力。这是销售过程中的首要技能。具备这项能力的销售人员能够准确预测客户的消费水平和核心需求，从而在匹配产品、运用销售技巧和跟进维护时，能够精准地触及客户的关键点，确保整个销售过程的顺畅。

为了培养这一能力，销售人员需要积累丰富的行业经验，并在每次客户接待后进行详细的复盘分析，以不断提升自己的洞察力和应对策略。

2.专业的产品知识。对产品的深入了解是销售成功的基石。销售人员需要对婚礼堂的产品和服务有全面的认识，包括宴会厅的特色、餐饮服务的细节、婚庆策划的流程等。

通过不断学习和实践，销售人员应该能够自信地向客户介绍产品的特点和优势，以及如何根据客户的需求定制服务，从而成功促成一对又一对新人的婚礼订单。

3.多变的销售技巧。销售技巧需要灵活多变，以适应不同客户的个性和需求。例如，面对一个强势的新娘时，销售人员可能需要采取更为谨慎和谦逊的态度，以获得对方的信任和满意。

优秀的销售人员能够根据新人的反应和情绪调整自己的销售策略，即使在压力下也能保持冷静，巧妙地转化挑战为机会。

4.持续的客户维护能力。销售过程并不只在签下订单时就结束，而是从这一刻起，服务才真正开始。销售人员需要确保他们在销售过程中所做的每一项承诺都能得到兑现，这对于维护客户关系至关重要。

客户维护的能力可以通过客户转介绍的数据来衡量，这不仅体现了客户对服务的满意度，也是保障客户资源和口碑传播的关键。

第三节 订单猎手：抓住流量与订单的秘诀

一、熟悉市场动态，精准定位目标客户

在这个以客户为中心的商业时代，成为一名杰出的订单猎手，必须首先学会如何用敏锐的洞察力捕捉市场的脉动（如图3-9所示），精准地锁定目标客户，这样才能将每一丝流量有效转化为订单。

01 深入市场研究，洞悉消费者需求

02 构建顾客画像，锚定目标群体

03 跟踪客户行为，及时调整策略

04 利用市场数据，进行精细化运营

图3-9 捕捉市场脉动的四个步骤

1. 深入市场研究，洞悉消费者需求。了解市场的需求和趋势是任何成功销售策略的基础。订单猎手需投身于市场研究的"深渊"，通过调查报告、行业新闻、消费者行为分析等手段，获取市场的即时信息。理解消费者的细微需求和潜在问题，可以更好地定位产品或服务，促使销售策略紧跟市场步伐。

2.构建顾客画像,锚定目标群体。销售不是无差别的轰炸,而是需要精准打击。创建详细的顾客画像,包括他们的年龄、性别、职业、兴趣及购买行为等信息,可以帮助销售人员更好地理解目标群体。在精准营销中,每一条广告信息或个性化推荐都能直击目标客户,大幅提高转化率。

3.跟踪客户行为,及时调整策略。在市场动态多变的前提下,跟踪客户的购买行为和更深层次的心理变化至关重要。订单猎手需要对客户反馈保持高度敏感,并以数据和反馈为依据,持续优化产品和服务。及时调整销售策略,确保能迅速响应市场变化,满足客户日新月异的需求。

4.利用市场数据,进行精细化运营。当今营销的重点在于如何利用大数据和市场分析工具,进行精细化运营。订单猎手通过收集和分析客户数据,为营销决策和策略提供科学依据。通过数据推动的策略调整和营销活动,可让每一笔投入带来的回报最大化。

老宋有话说

提前布局销售团队

一些宴会酒店排名领先的婚礼堂,尽管拥有强大的品牌吸引力,却面临着销售团队表现不佳的问题。客户往往未经预约便直接上门预订,这虽然反映出店铺的知名度很高,但同时也暴露了销售流程上的不足。特别是对于新建成的一站式宴会酒店来说,优化销售系统显得尤为迫切。

为了在竞争激烈的市场中保持领先地位,并确保长期盈利,我希望大家能够参考以下一些建议:第一,建立营销体系,通过巩固品牌地位,确保品牌影响力持续吸引潜在客户;第二,规范销售系统,培养销售团队的引流拓客和签单转化能力,形成有效的销售习惯;第三,提升服务质量,制订餐饮和婚庆服务的标准化流程,并通过系统化的培训提高团队的专业水平。

> 这些措施将有助于婚礼堂在市场竞争中保持优势,即使在市场环境发生变化时,也能保持客户的稳定流入和高服务品质,从而确保企业的生存和发展。
>
> 需要认识到的是,一旦竞争加剧、市场变化,酒店如果没有足够的忧患意识,等到生意受到影响时,可能连进行品牌宣传、引流活动或服务质量提升的资金都难以筹措。因此,紧跟市场动态,不断观察、学习和改进,是避免被竞争对手淘汰的关键。即使起点再高,没有持续发展的动力,最终也会被市场淘汰。

二、优化搜索引擎,提高可见性和吸引力

在数字化加速的商业环境中,搜索引擎优化(SEO)不再是可选项,它成为抓住潜在客户、增加品牌可见性的必由之路。以下关键要点,可以帮助企业利用搜索引擎优化来提升网络可见性和吸引潜在客户。

1. 关键词分析:捕捉客户搜索习惯。首要步骤是进行彻底的关键词研究和分析。选择与产品或服务最相关,同时搜索量较高的关键词,可以使潜在客户在搜索时更易发现你的网站。使用专业工具来追踪关键词性能,并不断优化关键词策略,使网站内容与市场需求保持同步。

2. 内容优化:提供价值驱动的信息。优质内容是 SEO 的核心。通过提供高质量、与关键词相关度高的内容,不仅能够吸引搜索引擎算法的注意,更能够吸引和留住用户。内容要具有价值,符合目标客户的需求和兴趣,同时要保证内容的更新频率,以维持网站的活力,吸引搜索引擎的定期重新索引,从而提高排名。

3. 网站结构优化:提升用户体验。网站结构直接影响着用户体验和搜索引擎蜘蛛程序的信息抓取效率。一个清晰、逻辑性强的网站结构,能够帮助搜索引擎更好地理解网站内容,从而提升搜索排名。同时,确保网站的加载速度、移动优化和内部链接策略的合理性,可以减少跳出

率并提高转化率。

4. 分析与调整：持续改进 SEO 策略。SEO 不是一次性任务，而是一个需要不断监控和调整的过程。利用分析工具来跟踪关键词的表现、用户行为，以及排名变化情况。依据这些数据进行及时的优化调整，可以确保企业网站始终保持竞争力，抓住每一个可能转化的机会。

> **老宋有话说**
>
> ### 一种错误的营销方案
>
> 有些酒店为了营销，把全年适合结婚的好日子在酒店醒目的位置贴出来。这种做法我真的是理解不了，因为它有很明显的三个弊端。
>
> 第一，家庭影响。对于重视选择吉日的家庭来说，他们通常会根据黄历或结合新人生辰八字精心挑选最佳日期。当新人到达酒店并发现酒店公布的吉日与自己选择的不一致时，可能会感到困惑或不满。
>
> 第二，接单量限制。公布有限的吉日可能会无意中限制了酒店一年的接单机会，尤其是只公布少数几个吉日的情况。这种做法会导致酒店错失其他可能的营业机会，尤其是在非吉日仍有需求的情况下。
>
> 第三，吉日的可信度。吉日通常是根据传统黄历和复杂的天干地支系统计算得出的，不同的习俗和个人可能有不同的理解。酒店公布的吉日来源和计算方法的透明度不足，会引起顾客对其准确性和可信度的质疑。
>
> 实际上，全年适宜结婚的吉日表更应该作为内部参考工具，供销售团队使用，以确保在传统的好日子里大型宴会厅不被其他类型的活动预订，而将其公开展示可能会引起误解和不必要的困扰。酒店应该考虑更加灵活和客户导向的方式，以适应不同客户的需求，而不是依赖固定的吉日来限制自己的业务。

三、利用多渠道策略，增加用户接触点

在这个信息爆炸的时代，运用多渠道策略以增加与潜在客户的接触

点已成为企业营销的核心。通过有效地整合社交媒体、电子邮件、联盟营销和付费广告等手段,企业能够全方位地触及目标客户,增加品牌的覆盖率和客户的参与度。以下要点将帮助企业能更充分利用多渠道策略(如图3-10所示)。

01	02	03	04
社交媒体的活跃参与	电子邮件营销的精准投放	联盟营销的合作潜力	付费广告的智能投资

图3-10 利用多渠道策略的四个要点

1. 社交媒体的活跃参与。社交媒体平台是增加品牌曝光的有效场所。通过定期发布有关产品的更新信息、参与话题热潮、响应用户评论等活动,可以使品牌保持与用户的持续互动。同时,利用社交媒体广告精准定位目标受众,可以直接吸引到更多潜在客户。

2. 电子邮件营销的精准投放。电子邮件营销允许企业直接向目标用户提供个性化的内容。通过分段的邮件列表,企业可以根据不同用户的过往交互和购买历史发送定制化的优惠和信息,从而提高打开率和转化率。保持电子邮件内容的相关性和时效性,有助于增强用户的忠诚度。

3. 联盟营销的合作潜力。联盟营销能够开辟新的用户渠道并增强信任度。与拥有相似目标受众的企业或个人合作,推荐彼此的产品和服务,通过这种合作关系可以引流到自己的销售渠道。这种通过第三方认可的方式可以增加品牌的可信度并且拓宽客户基础。

4. 付费广告的智能投资。付费广告如搜索引擎营销(SEM)、展示广告和社交媒体推广,是快速扩大品牌可见性的有效手段。投资这些付费渠道的关键在于分析回报率并智能分配预算。对广告效果进行持续跟踪和分析,确保预算被投放在最能带来转化的渠道上。

> **老宋有话说**
>
> ### 20%的营销活动能有效提升订单量
>
> 在宴会酒店行业,仅有大约20%的营销活动能够有效提升订单量。这一成功通常归因于三个关键因素。
>
> 第一,清晰的宣传策略。宴会酒店的宣传材料需要清晰且真实,以便让潜在的新人客户对酒店的服务有一个准确的期待。这意味着酒店需要制定一套完整的宣传标准,确保信息传达的一致性和可靠性。
>
> 第二,顺畅的接待流程。当新人到店咨询时,整个接待流程应该是无缝和顺畅的。酒店应该提前准备好应对新人可能提出的问题和担忧,甚至是他们可能尚未考虑到的问题,以此来展现酒店的专业度和细致的客户服务。
>
> 第三,增值服务而非降价。为了促成交易,宴会酒店应该侧重于提供增值服务,而不是简单地降低价格。通过提供额外的服务来增加产品的价值,可以更有效地吸引客户并完成销售。

四、构建高效的销售漏斗,提高转化率

在销售过程中,构建和优化销售漏斗是实现高转化率的关键。高效的销售漏斗能够引导潜在客户顺利完成购买流程,最终转化为订单。以下几个要点是确保销售漏斗效能的重要步骤。

1.客户旅程的精细规划。从潜在客户第一次接触品牌开始,每一个销售阶段都必须精心设计。了解目标客户在决策过程中的行为模式,构建一个反映这些行为并有效地促进其完成购买决策的路径。确保信息的透明度和可及性,减少购买过程中的摩擦点,为客户提供清晰的购买指引。

2.吸引人的内容和提示。在销售漏斗的各个环节提供吸引人、有说服力的内容至关重要。无论是营销文案、特价优惠，还是购买前的产品说明，内容应该针对性强，并且引导客户走向下一个步骤，然后调用行动召唤（CTA）的策略，激励客户完成购买行为。

3.数据驱动的转化优化。使用跟踪分析工具如谷歌分析或CRM系统来收集和分析数据，在销售漏斗的每个阶段都进行优化。针对在某一环节显示出较高流失率的情况进行调整，并基于实际数据进行测试，不断改进，直到找到最能提高转化率的解决方案。

4.客户反馈的有效利用。搜集并分析客户的反馈，这对优化销售漏斗极为重要。了解客户在哪些环节感到满意或不满，可以有助于定位需要改善的具体环节。这样的洞察有助于精确调整销售策略，从而提高整体的客户满意度和转化率。

> **老宋有话说**
>
> ### 优化客户比例，提高营销效果
>
> 宴会酒店的客流量和订单量在很大程度上取决于不同客户类型的比例，这些比例直接反映了酒店的市场表现和营销策略的效果。为了提升宴会酒店的客流量和市场份额，酒店需要综合考虑并优化这三类客户的比例。
>
> 1.自然到店客户。这类客户的占比越高，表明酒店在当地的知名度和排名越靠前。如果酒店在当地排名第一，自然流量通常足以支撑业务需求。
>
> 2.线上客户。线上客户的占比反映了酒店在数字平台上的表现，尤其是抖音等社交媒体的运营效果。提升线上内容创作和互动，如打造IP账号和内容矩阵，对于提高线上客户的占比至关重要。随着时间的推进，实体装修可能会逐渐陈旧，但通过不断优化运营，可以持续吸引新客户。

3.销售人员线下拉来的客户。这一比例体现了销售团队的主动性和效率。一个合格的销售团队不应仅仅依赖自然流量,而应积极出击,拓展新客户。虽然自然流量可能带来即时的业绩,但依赖它并不能保证业务的持续性或增长。

第四节 预售筹码：前瞻性营销的招牌动作

一、实施预售的关键动作

在迅速变化的营销领域中，前瞻性营销成为品牌革新策略和占据市场先机的重要手段。预售筹码，作为一种展现产品未来价值的营销技巧，能够有效地吸引消费者的兴趣和购买欲望。以下是实施预售筹码策略时的关键动作（如图3-11所示）。

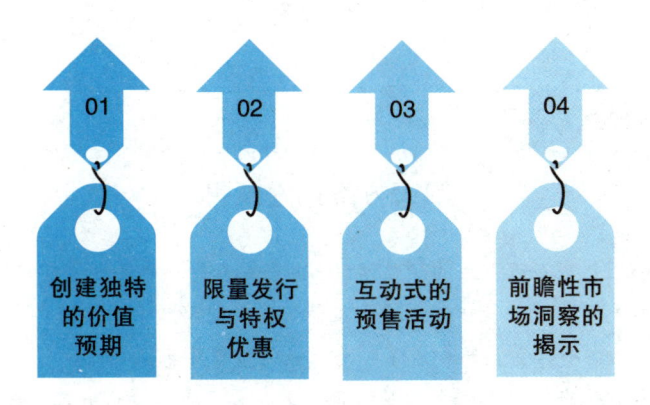

图3-11 实施预售筹码策略的四个关键动作

01 创建独特的价值预期
02 限量发行与特权优惠
03 互动式的预售活动
04 前瞻性市场洞察的揭示

1.创建独特的价值预期。预售活动的成功往往源于对产品未来价值期待的营造。通过透露即将推出产品的独家信息或者功能，可以激发潜在买家对产品的好奇心和期待感。用独特卖点讲好产品故事，让消费者对即将上市的产品产生心理上的"先行权"。

2. 限量发行与特权优惠。以限量方式进行预售，可以增加产品的稀缺价值，提高消费者的紧迫感。酒店可以结合特定的优惠，如预购优惠、额外赠品或会员积分，提供给早期购买者额外的价值，并刺激其购买欲望。这些特权优惠能够加强品牌忠诚度，更能在产品尚未正式上市时就建立起销售势头。

3. 互动式的预售活动。开展与消费者互动的预售活动，如预购问题解答、线上直播展示、用户参与的试用反馈等，能够加深消费者与产品的情感连接。通过这种方式，消费者不仅仅是被动接受信息，而是成为产品预售过程的一部分，从而增加对购买行为的投入感和参与度。

4. 前瞻性市场洞察的揭示。以数据和研究支持预售活动，显示公司对市场趋势的前瞻性洞察。向消费者展现产品是如何符合市场未来发展、解决潜在需求的，可以增强产品的市场竞争力和影响力。这种策略不仅能打动理性消费者，还能提升品牌的行业地位。

老宋有话说

四大方案搞定预售

一场销售额百万以上的预售活动，从来都不是一个方案就可以搞定的。以曾经接手过的一个500万元的方案为例，我们团队前前后后一共出了四个方案。这四个方案共同构成了一套有效的预售策略。

1. 预订优惠方案。这个方案需要突出展示厅的环境和项目优势，同时提供吸引人的预订优惠，如"定金1000元抵3000元"，以及"交定即得伴手礼"等。这个方案的核心在于解决客户为何选择我们的宴会服务及为何要立即下订单的问题。

2. 对客宣传方案。宣传方案的目的是提高宴会酒店在当地市场的知名度。这包括利用传统广告和新媒体等手段进行线上线下的推广，其目标是吸引所有有宴会需求的潜在客户，让他们了解预订优惠并主动联系酒店。

> 3. 预售活动方案。预售当天，通过举办各种活动（如婚礼秀、婚纱秀、上菜秀、灯光秀等）来营造现场氛围，激发客户的购买欲望。现场还可以提供额外的优惠和抽奖活动，如交1万元或2万元可享受的优惠，以及200~5000元不等的奖品抽奖，以增加现场收款的吸引力。
>
> 4. 内部活动方案。这个方案关注于内部管理和激励，包括工作标准、销售技巧、团队动力的提升。此外，还包括宣传任务分配、销售目标设定、提成标准、超额奖励、协助提成、销售冠军奖励及对赌激励等，以确保团队的积极性和销售活动的顺利执行。

二、预售策略的具体步骤

宴会酒店的成功离不开预售，尽管大多数老板都知道预售的重要性和必要性，但却不知道具体要怎样操作。宴会酒店老板要怎样做预售呢？怎样才能做好预售呢？宴会酒店预售策略的成功实施可以细分为以下四步（如图3-12所示）。

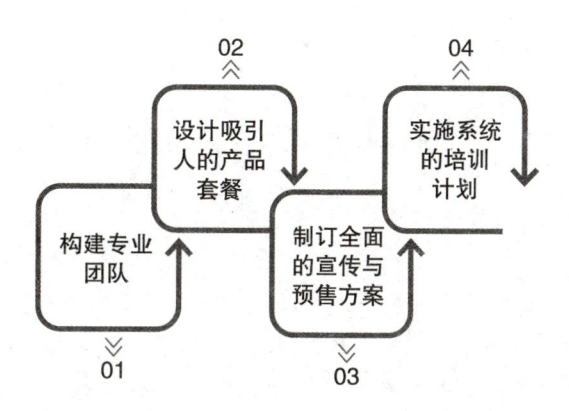

图3-12 酒店预售策略的四个步骤

1. 构建专业团队。成功的预售从建立一个专业的销售团队开始。团队应该由一个有经验的负责人领导，最好是具备一站式宴会酒店工作背景和销售团队管理经验的人。销售人员的要求相对简单,只需要具备基本的销售技能。

2. 设计吸引人的产品套餐。产品是预售的核心,因此,婚庆套餐和宴席套餐必须设计得既具吸引力又清晰易懂。制订详细的价格和服务列表,并制作成套餐本,方便客户在洽谈时进行查看和选择。

3. 制订全面的宣传与预售方案。这个环节包含多个部分:首先是宣传方案,它负责将项目推广出去;其次是预订优惠方案,吸引人们预订场地;再次是预售活动方案,通过预交款的方式让客户享受优惠并参与抽奖等激励措施;最后是内部执行方案,确保所有设计得以顺利实施。

4. 实施系统的培训计划。培训是确保以上三个环节得以正确实施的关键。内容涵盖广泛,包括拍摄和编辑抖音视频、更有效地分发传单、销售接待流程、婚礼基础知识、活动方案、销售技巧和客户维护等。此外,对活动宣传的宣讲、销售激励及内部竞争的培训也是至关重要的,它们决定了销售团队的持续动力。

老宋有话说

预售要解决的三大问题

婚礼堂想通过预售得到几百万元的营收,关键是要做到以下这三点。

1. 提升产品性价比。为了吸引顾客选择在自家酒店举办婚礼,必须确保产品具有高性价比。这意味着婚庆套餐和宴席套餐不仅要价格合理,还要在服务质量和客户体验上超出预期。通过优化成本结构和提升服务细节,可以有效提高产品的吸引力,从而让更多顾客倾向于选择我们的婚礼服务。

2. 设定合理的定金金额和优惠策略。预售过程中,如何让有意向的客户迅速做出决定并支付定金是一个关键问题。这需要设置一个对客户来说既有吸引力又显得公平的定金金额,并通过优惠策略来促进快速成交。例如，可以通过提供时间有限的特别折扣、增值服务或者未来使用的优惠券来激励客户立即行动。

3. 强化销售团队的方法、技巧和激励机制。最后一个问题是如何激发销售团队的积极性和持续激情。这要求对销售人员进行系统化的培训，包括销售方法、沟通技巧及如何处理客户异议等。同时，建立一套有效的激励政策，如提供销售提成、奖金、竞赛和其他奖励，可以显著提升销售团队的动力和业绩。

总而言之，宴会酒店在进行预售活动时，必须聚焦于提升产品性价比、制订吸引人的定金和优惠策略，以及加强销售团队的培训和激励，以此解决吸引顾客、加速成交和提升销售动力这三个核心问题。

三、预售的着力点在哪里

宴会酒店在进行预售时，应当聚焦于积累和管理客户资源、实施有效的客户转化策略及优化产品的性价比。这三个关键着力点共同作用，才能实现开业前的销售目标，为酒店的成功打下坚实的基础。

1. 客户资源的积累与管理。成功的预售首先依赖于充足的客户资源。这包括通过线上和线下渠道获取的一手资源，利用网络达人和广告吸引的客户资源，以及外部合作导入的潜在客户。例如，想要实现200单的目标，至少需要400组潜在客户资源。这些资源需要由销售部门统一跟进，以实现有效的邀约和转化。

2. 客户转化的策略与执行。拥有专业的销售团队至关重要，他们需要能够将客户资源转化为实际订单。这涉及清晰地展示产品优势、专业服务能力及制订有吸引力的策略，如不同级别的定金优惠。此外，成交仪式上的抽奖活动和礼品优惠也是促进客户决策的重要因素。销售人员建立客户信任的能力直接决定了能否将400组潜在客户转化为200个实际订单。

3. 产品性价比的优化。产品的性价比是确保客户满意度和销售成功的关键。例如,一个售价为 128000 元的宴会厅虽然特别,但如果当地市场的平均价格在 20000~30000 元,那么这个高价产品可能难以销售。因此,酒店需要在保证环境、档次、风格和服务质量的同时,确保价格符合当地消费者的承受能力。

老宋有话说

预售最需要信任

如果开业前宴会厅没有建好就想开始预售,还想让客户放心预订,这四个方面一定要做好。

1. 全面的线上线下宣传。预售活动应通过线上线下渠道全面覆盖,确保品牌和信息随处可见。这种高度的曝光率向社会传递了一个承诺信号,增强了品牌的可信度。

2. 专业且可信的接待环境。接待场地的布置必须体现出较高的专业度和可信度。从接待人员的仪容仪表到接待礼仪,每个细节都应该让客户感受到专业和值得信赖。

3. 有吸引力的预订优惠。提供有吸引力的预订优惠是激发客户兴趣和欲望的关键。这不仅能吸引客户,还能让他们有"错过就等于亏损"的紧迫感。

4. 灵活的订金政策和退订保障。设定较低额度的预订意向金,并保证无条件退款,可以大大减少客户的顾虑,使他们在没有后顾之忧的情况下进行预订。

第四章 运营密码

提炼宴会酒店管理精华

Hotel Banquet

第一节　管理驾驭：老板视角下的战略着力点

一、找对人，做对事

宴会酒店的成功与否，取决于是否能够找到适合岗位的专业人才，并在企业领导的引领下坚定不移地推进正确的业务决策。一个有远见的领导者不仅能构建一支强大的团队，还能掌握企业的发展命脉，确保持续向着成功迈进。从企业领导者的视角来看，管理和驾驭团队有两个核心要素：找对人才和做对事情。具体来说，要考虑以下四个方面（如图4-1所示）。

图4-1　团队管理的四个重点方面

1.精心组建专业团队。对于宴会酒店来说，一个多元化且有专业技能的团队是必不可少的。除了必需的餐饮管理人员和厨务领头人外，婚礼特有的需求，如销售、统筹及督导等关键岗位的专业人才不可或缺。

要保持高标准的精细化运营，必须有一群对婚礼流程、客户需求和行业动向有深入理解的人才。

2. 明确商业定位与发展目标。老板必须为团队提供清晰的业务指导和发展目标。这意味着要有一个明确的愿景，比如打造宴会酒店的特定形象或风格，并将其与行业内的标杆品牌相比较来设定标准。作为企业的领袖，设定这些标准并确保团队向着这一目标努力是引领成功必需的行为。

3. 亲力亲为的管理和学习推动。在推动团队进步的过程中，作为企业领袖的老板，需要亲自参与管理和学习。这不仅仅是投资财务资源，更关键的是投入时间和精力来确保团队不断进步。因为只有企业领袖才能最终确定投资何种资源以及投资的时机，只有企业领袖才能负担起推动团队学习和提升可能带来的短期成本增加，并以此实现长期的盈利增长。

4. 领导者的责任感与风险管理。老板在团队构建和确定发展方向上的责任感是不可替代的。这包括对持续学习和改进所需资金的投入，以及对潜在运营成本增加的风险管理。这些决策对于宴会酒店的长期成功至关重要，且其影响可能会在未来的半年甚至更长时间后才显现出来。

老宋有话说

选对总经理，管理成功一半

一个合格的宴会酒店总经理需要满足什么条件？

1. 丰富的管理经验。要么是综合酒店的餐饮总监，要么是大型餐饮酒楼的总经理，再要么就是婚庆公司的店长，具有了这三种认知经历，对宴会酒店来说才算是经验丰富。

2. 熟知一站式宴会酒店的盈利模式。如果出身餐饮专业，则需要补充婚庆业务的盈利逻辑、服务标准、销售流程；如果原来出身婚庆专业，则需要学习餐饮业务的管理思维、服务流程，以及巡查督导体系。

二、选对合伙模式

在团队管理过程中,作为企业的老板,选择一个合适的合伙模式对于业务的成功至关重要。这不仅关系到公司的运营效率,还直接影响到团队的士气和创新能力。从老板的视角出发,选取合伙模式时应该重点考虑以下几个因素。

1. 共同愿景与目标的一致性。选择合伙人时,首先要确保所有合作方在愿景和目标上有高度的一致性。这样的统一对于推进公司战略和避免未来潜在的冲突至关重要。作为老板,必须清晰界定企业的发展路径,并与潜在的合伙人进行深度对话,确保所有人都致力于同一个业务愿景。

2. 各方职责与资源的明确分配。一个有效的合伙模式要求老板能够合理地分配管理责任和公司资源。各合伙人的技能和专长应互补,且明确知道在合作关系中各自的职责和权益。明晰的角色划分和透明的沟通可以减少冲突,提高决策的效率和执行力。

3. 建立健全的合作机制。老板需要建立一套健全的合作机制来确保合伙模式的长效运行。合作协议应涵盖各种业务情景,包括利益分配、决策流程、风险管理等。这有助于建立稳定的合伙关系,确保企业在面对市场变化时能保持灵活和稳健。

4. 激励与评估体系的对接。有效的激励和评估体系是维持合伙模式动力的关键。老板应设定明确的业绩指标,并与合伙人的贡献直接挂钩,适时给予合理奖励和反馈。通过持续的绩效评估,老板可以确保团队目标与个人目标一致,驱动团队保持高效率和创新活力。

> **老宋有话说**
>
> ### 宴会酒店筹建期的工作重点
>
> 打算进入宴会酒店行业,或者正在筹建婚礼堂的老板,要重点关注以下这三件事。
>
> 1. 明确宴会酒店的定位。在开始之前,首先要明确你想要建立的宴会酒店模型。这将取决于你的物业条件、资金实力和团队的认知水平。如果有疑问,不妨实地考察周围运营良好的宴会酒店,甚至可以参考国内顶尖品牌如格乐利雅、同庆楼、诺丁山等,以此来确定你的酒店定位。随着你对行业的理解逐渐系统化,你想要建立的店铺类型也会越来越清晰。
>
> 2. 规划店铺的具体细节。接下来,你需要规划店铺的具体细节,包括是否接待散客,每个宴会厅的大小、风格,以及整体店铺的布局。这些决策将直接影响你对宴会行业的适应能力和客户满意度。
>
> 3. 经济高效地实施计划。在店铺落地时,如何在不牺牲质量的前提下节约成本是至关重要的。你需要深入了解装修成本、声光电设备投资、家具质量与价格等方面的信息。这些都需要你投入时间去实地调研和学习,以避免在未来的经营中出现不必要的损失。

三、宴会酒店的实际价值

管理者应认识到,成功的宴会酒店不仅仅是销售产品或服务,还是销售一种难忘的体验和感动。作为宴会酒店的管理者,理解并传达我们所提供服务的核心价值是实现顶级客户体验的关键,具体方法可以参考以下四点(如图4-2所示)。

01	02	03	04
聚焦高标准服务	塑造情感连接	精算成本与价值比	利用硬件设施增值

图4-2 体现宴会酒店实际价值的四个重点

1. 聚焦高标准服务。作为老板，你需要确保销售团队不仅能提供标准化的产品，更能够提供优质的服务。优秀的服务对于婚礼这样一生中的重要时刻来说，是无价的。团队应形成以卖服务为核心的思维模式，把婚礼服务作为产品的延伸，使我们的宾客感受到真诚与专业。

2. 塑造情感连接。顶级的销售艺术不在于交易的数量，而在于与顾客的情感连接。作为管理者，要鼓励你的团队深入了解顾客，提供个性化服务，营造独一无二的情感体验。这种深层次的关注会让顾客感到珍贵，提升他们对服务的感知价值，这种情感价值远远超过了服务的本身。

3. 精算成本与价值比。老板需明晰宴会酒店服务的成本效益。通过精细管理，实现高效的资源调度——专注于核心客户群体如新人、家人的高质量服务，同时对其他宾客实行标准化服务。这种分层服务模式不仅能有效管理成本，还能确保所有来宾都能得到适当的关注。

4. 利用硬件设施增值。优化宴会场所的硬件、环境与空间布局，让这些非直接服务要素为顾客提供无形的、高质量的服务体验。这也是管理者应当着重考量的——硬件投资与维护如何反映服务价值，并成为提升客户满意度的有力支持。

老宋有话说

婚礼堂运营的天花板

婚礼堂运营的天花板应该是个什么样？应该满足这两个条件。

1. 单厅年销量足够高。理想情况下，一个专业的婚礼堂单厅年销售场次应该在 80 场以上。需要注意的是，如果宴会厅能够在中午和晚上都承办婚礼，或者在当地没有其他竞争对手，是唯一的宴会服务提供者，那么 100 场，甚至更多的年销量也是合理的。在这些特殊情况下，由于需求量大或者独特的市场地位，更高的销量并不少见。

2. 小宴会营收占比足够高。第二个衡量的条件是小宴会的营收能否超过婚宴类收入的一半，这反映了婚礼堂的运营极限潜力。在某些地区，由于当地的风俗习惯，小宴会（如儿童的生日宴、成人礼等）可能非常普遍，因此，小宴会的收入会超过婚宴。例如，河南某地的环城酒家就凭借宝宝宴在婚礼淡季月入将近300万元，宝宝宴的年收入能占到全店收入的1/3以上。

第二节 操作升级：闭环完善宴会酒店的运营差距

一、优秀的老板抓运营

企业的成败往往取决于领导者的智慧与远见。当企业面临困境时，一些老板急忙开始加强管理，严苛的考勤制度、烦琐的绩效考核接踵而来。然而，这种过度强调管理的作风，往往会让员工感到被束缚，甚至被视为缺乏信任的表现。反观那些卓越的老板，他们深知真正的竞争力在于高效的运营，而非僵化的管理。

1. 把握运营核心，激发团队潜力。优秀的领导者明白，业绩是企业发展的根本驱动力，而这些业绩源于细致且精细的运营管理。他们重视打造一个高效运营体系，让每个员工都在其位发挥所长，共同为企业目标奋斗。在这一过程中，卓越的领导者将团队视为伙伴而非工具，相信每个人都有价值，每个挑战都有解决之道。

2. 构建高效运营流程。为了确保运营的高效性，老板需设定清晰的战略目标，对企业的市场定位、需求分析和竞争策略有深刻洞察。基于此，老板可以构建顺畅的运营流程，保障资源得到最佳利用。同时，不断倡导创新，激励团队探索新的市场机遇，以保持企业的活力和竞争力。

3. 重视产品和服务创新。卓越的领导者会专注于产品和服务的创新，而非仅仅限于内部管理。他们鼓励团队成员提出创意，积极响应市场和客户需求，促进公司的产品质量提升及新业务领域的探索，将"业绩治百病，运营出业绩，现金解千愁"的哲学付诸实践。

4. 建立引人入胜的企业文化。在优化运营的同时，精明的领导者会营造一种积极的企业文化，通过激励和赋能的方式，让员工在工作中找到成就感和自我价值。这种文化不但能吸引人才，还能激发员工的工作热情，促进团队成员共同努力实现企业的发展目标。

老宋有话说

优秀的宴会酒店拼运营

在全国各地的宴会酒店市场中，存在着两种极端现象。一种是条件优越的酒店，拥有5个以上宴会厅，每个厅高达6米且无柱碍眼，这类酒店似乎不需要依赖运营策略，即便在三年疫情期间，单厅年销量也能轻松超过80场。对于这样的酒店老板来说，谈论运营仿佛是无足轻重的，他们可能会认为这不过是浪费时间。

另一种是条件较差的酒店，全店面积仅1000多平方米，只有两个宴会厅，三年前还依靠花艺软装来装饰吊顶。然而，随着当地新开了几家宴会酒店，市场上突然出现了十几个新的宴会厅，导致原本属于自己的订单流失，新订单更是难以获得。在这样的情况下，运营似乎也无法挽救生意。

这两种情况实际上都是在依赖资源竞争，这是市场竞争初期的短期现象。无论是资源优越还是资源不足，最终市场都会进入一个更成熟的阶段，那时，运营的优劣将成为决定成败的关键因素。因此，不论是条件好的酒店还是条件差的酒店，都需要重视运营，通过提升服务质量、客户体验、市场营销等方面的能力，来应对市场的变化和竞争的挑战。

二、团队需要快速成长

在如今迅速发展且竞争激烈的商业环境中，团队的加速成长对于企业的成功至关重要。这要求持续的教育和成长机制，让团队成员不断增强自我能力并适应市场变化。以下几种方法可以帮助团队实现快速成长，增强其内在竞争力（如图4-3所示）。

<the figure shows:>
- 01 引进外部专业培训
- 02 模仿学习对标品牌
- 03 同行交流与内部分析
- 04 老板规范销售流程

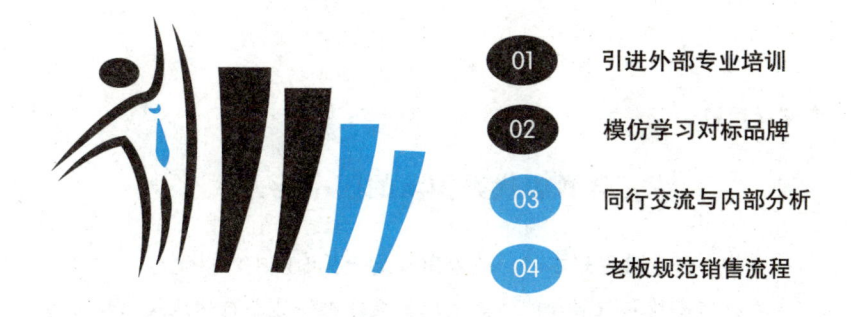

图4-3 团队快速成长的四个方法

1. 引进外部专业培训。定期引入外部培训专家为团队提供全面系统的培训是团队成长的第一步。这种专业的知识和技能的输入，能够帮助团队及时了解行业最新动态，掌握先进的工作方法，激励成员开拓思维，提升自身素质。

2. 模仿学习对标品牌。给团队设立榜样，学习行业内优秀品牌的服务全流程，可以让团队有明确的学习方向。通过对标业内最佳实践案例，团队成员可以了解行业最高标准，从而明确自身的成长路径，并着手模仿，逐步提升服务水平和工作效率。

3. 同行交流与内部分析。与业内同行进行定期交流，并对比分析团队的运营能力，能有效地揭示团队的短板和不足。这种自我检视和外界参照的方式，可以让团队正确评估自身的位置，并在必要时进行战略调整，以取得优势。

4. 老板规范销售流程。作为团队领导，老板须亲自参与销售流程的规范化和完善化。这不仅彰显了老板对团队成长的重视，同时也保证了团队在销售工作中遵循统一标准，这将直接影响团队的整体执行力和效率。等于盈利方法标准化了，比如做绩效之前，销冠往往是老板娘，因为老板娘没有绩效也会很操心。但做绩效以后呢，有能力的销售经理都会非常挣钱。

> **老宋有话说**
>
> ### 宴会酒店优秀团队的四项能力
>
> 一家宴会酒店做得好不好，就看团队是否具备以下四项能力。
>
> 1. 客户信息获取与解读能力。团队需要能够快速而自然地获取新人的基本信息，并能够对这些信息进行综合解读。销售团队如果具备这种能力，就能显著提高客户转化率，理想情况下能达到甚至超过50%。
>
> 2. 精准推荐与销售把控能力。根据新人的信息和需求，销售团队需要能够精准推荐合适的宴会厅、宴席套餐、婚庆套餐，以及二次销售增项产品。这不仅展示了销售人员对产品的了解，也体现了他们对客户预算的把控能力。
>
> 3. 婚庆统筹与服务保障能力。婚庆统筹的能力直接影响客户的情感体验。这是新娘最能直接感受到的服务环节，也是影响客户转介绍的关键因素。团队需要在这方面提供高水平的服务保障，以感动客户。
>
> 4. 餐饮服务与菜品质量稳定性。除了婚礼本身外，新人第二关心的问题是餐饮服务和菜品质量。虽然这不一定是宴会酒店的亮点，但必须是稳定，要确保客户满意。

三、宴会酒店成功的六大抓手

宴会酒店业务的成功往往取决于客户体验的细节和深度。婚礼的场景尤为重要，它不仅仅是一场交易的完成，还可能成为下一个宴会订单的起点。下面是宴会酒店成功的六大抓手，通过精心打造婚礼体验的每一个细节，可以有效转化客户，不断拓宽宴会酒店的业务。

1. 婚礼仪式设计。婚礼仪式是整个婚礼的核心，一个成功的仪式设计包括新人入场、交换戒指、新人誓言等传统环节，此外可以加入一些具有时代感和创意的元素,如父母发言,让整个仪式更加感人和记忆犹新。

2. 娱乐节目创新。传统的娱乐节目和明星助阵固然吸引眼球,但在当前的趋势下,创新和个性化的节目更能抓住宾客的心。例如,伴娘、伴郎团的舞蹈,不仅成本低、效果好,而且易于创新。

3. 精心策划宴席菜品。宴席的菜品不仅要美味,更要寓意好、有特色。主家安排的具有特殊意义的私家菜、新人亲手加持的迎宾菜等可以为婚礼增添独特色彩,提升整体体验。

4. 摄影摄像技术。使用大型的摇臂设备或无人机航拍等先进技术,可以使婚礼现场的记录更加生动和震撼。这些技术的应用会给来宾留下难忘的视觉体验。

5. 独特的婚礼布置。无论是典礼主场还是迎宾区的布置,都应体现新人的个性和爱情故事。一个独到的场景设计能让来宾感到这是专属于新人的定制化布置,有助于强化记忆印象。

6. 提供互动式体验。让来宾亲自参与婚礼的某些环节,体验幸福的喜悦。近距离的感动将极大地提升客户对婚礼体验的认同和满意度,这些小小的感动往往是转化客户的关键方法。

> 老宋有话说
>
> ### 结婚消费的五点特殊性
>
> 想把婚礼堂的运营做好,老板和团队必须深入理解结婚消费的独特性质。以下是结婚消费的五大特性(如图4-4所示)。
>
> 1. 低频次、高质量消费。结婚通常是一生一次的事件,因此,消费者在选择服务时会非常慎重。他们不仅关注价格,更重视品质。这意味着婚礼堂必须建立严格的品质管理体系,确保提供的服务和产品符合高标准。

低频次、高质量消费　高端消费档次　决策过程的审慎性　个性化需求　线上与线下结合的消费模式

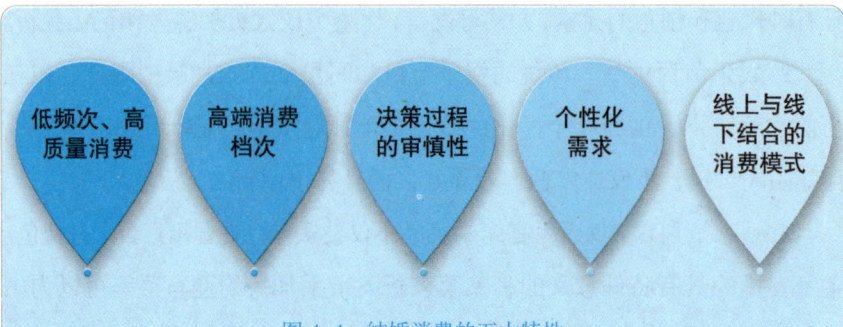

图 4-4　结婚消费的五大特性

2.高端消费档次。婚礼消费往往涉及一大笔开销，包括酒店档次、场地条件、菜品质量，以及婚礼策划、婚纱摄影和婚礼主持等服务。这些方面都需要在运营体系的建设中投入大量精力，以确保每一环节都能满足消费者的高要求。

3.决策过程的审慎性。由于婚礼的重要性，新人及其父母通常会提前很长时间开始选择服务提供商，并且在决策过程中花费较长时间，对各个环节提出详细要求。因此，运营中的客户转化环节需要提供长期的服务和高标准的客户体验，而非简单的快速销售。

4.个性化需求。尽管婚礼堂的部分产品已经开始标准化，但消费者对婚礼服务的需求仍然是个性化的。在同城竞争激烈的情况下，提供独特和个性化的服务将成为商家竞争的关键。

5.线上与线下结合的消费模式。现代消费者在选择婚礼服务时会结合线上和线下渠道。他们可能在线上筛选商家、查看场地、谈判价格，而父母可能更倾向于现场确认细节。在假期或周末，新人和双方父母可能会一起到多家店里进行对比选择。因此，运营体系的建设需要实现从线上到线下、从公域到私域的无缝衔接，确保每一环节都能紧密相连。

四、如何打造差异化宴会体验

在如今宴会市场竞争激烈的情况下，宴会酒店想要在市场中脱颖而出，就必须打造独特而印象深刻的宴会体验。一个差异化的宴会体验不仅能留住现有客户，更能吸引新客户通过口碑传播来增加回头率。可以从以下几个方面来打造宴会酒店的差异化体验。

1. 定制化服务。提供可个性化的宴会选项，从菜品、布置到娱乐节目，应允许客户根据其喜好和需求做出选择。利用调查问卷或面对面交谈，收集客户的喜好，再根据这些信息提供更加定制化的服务。此举不仅让客户感到特别，同时也为宴会体验增加了个性化元素。

2. 主题宴会创意。开发一系列主题宴会包，如复古风格、现代风格或文化主题，每个主题提供独特的装饰、菜单和音乐选择。制订主题宴会日历，并针对不同主题设计特别活动或表演，使宴会充满新鲜感和互动性。

3. 顶级菜品与饮料搭配。与当地知名厨师合作，推出独家菜品，或选用优质本地食材，配以优雅的餐饮服务。同时，提供专业的酒水搭配建议，使宾客在味蕾上有独特的享受。

4. 科技融入宴会。利用现代技术手段提升宴会体验，如使用LED屏幕展示个性化信息，或者提供投影互动游戏以增加趣味性。集成社交媒体元素，如定制的宴会主题过滤器或微信小程序，为宾客提供可分享的互联网体验。

5. 优质的娱乐内容。投入资源获取或自行制作高质量的娱乐节目，如请来知名乐队、表演者或者举办小型演唱会。采用专业的音响和灯光设备，营造舞台剧或演唱会式的环境氛围。

6. 创新布置和装饰。跳出常规的桌椅布置和装饰，创造出独特的视觉效果。设计独特的布置方案，如悬挂装置艺术、创意灯光或定制艺术作品，给宾客以视觉上的震撼。

7. 强化团队协作。构建一支反应迅速、服务专业的团队，对于提供无缝的宴会体验至关重要。定期进行团队建设和专业技能培训，确保每个员工都能提供超越期望的服务。

8. 关注细节。从宾客接待到活动结束每个细节都应得到关注。比如，设置迎宾区，由专职迎宾人员安排座位；或者为每位宾客准备小礼物，增强个性化体验。

9. 环保做法。加入可持续发展的元素，如使用可降解材料装饰、提供绿色菜品选项等，这样不仅表达了对环境的重视，也能吸引注重生态环保的客户。

10. 不断地反馈循环。主动收集宾客的反馈，并根据建议进行改进。保持关注和快速响应的态度，有助于持续提升宴会体验质量。

> **老宋有话说**
>
> ### 给新人一个选择你们店的理由
>
> 在竞争激烈的婚宴市场中，为什么新人们会选择你的宴会酒店作为他们婚礼的举办地？以下两个理由可以帮助你分析你的酒店在运营上的优势所在。
>
> 1. 硬件条件优势。如果你的酒店在当地拥有最佳的硬件条件，如足够的层高、现代化的设计方案等，而其他竞争对手的设施相对较旧或条件不足，那么你的酒店可能因为其突出的资源条件而成为新人的首选。然而，这种优势是易逝的，因为硬件条件是可以被模仿和超越的。你需要警惕市场上可能出现的新竞争者，他们可能提供更新、更好的设施。
>
> 2. 综合运营能力。如果在当地有几家与你条件相似的宴会酒店，但新人们在综合考虑后仍然选择你的酒店，这可能是因为你的酒店在菜品口碑、接待服务及销售跟进的专业度方面表现得更为出色。这意味着你的酒店是通过软实力赢得市场的，软实力包括服务质量、客户体验和专业团队等方面的优势。在当前市场环境下，依靠资源条件竞争的时代已经逐渐过去，优秀的运营能力变得越来越重要。

第三节　绩效之剑：升华运营能力和绩效管理

一、建立明确的绩效评估体系

一个明确和全面的绩效评估体系是企业提升管理效能和员工工作表现的核心。通过设立具体的业绩指标，企业可以精准地衡量每个员工的工作表现和贡献，识别员工的优势和提升空间。该体系需针对不同层级和岗位定制，确保绩效评估的全面性和针对性，同时通过定期的复审和调整来适应企业发展需求的变化（如图4-5所示）。绩效评估体系的建立对于激励员工、加强团队合作、推动企业向既定战略目标发展至关重要。

设定针对性的业绩指标

实施全面的绩效评估

定期复审和调整评估体系

结合绩效结果与员工发展

图4-5　绩效评估体系的四个关键步骤

1.设定针对性的业绩指标。业绩指标需要针对不同层级和岗位的具体要求而定制，确保评估结果能够真实反映每个职位在企业运营中的功能。这些指标既应包括量化的业绩数据，例如销售额、顾客满意度，也应考量员工的软技能，如团队合作和领导力。

2.实施全面的绩效评估。绩效评估应该全面覆盖企业内的所有员工，并根据个人角色和职责的不同来设定评估标准。为确保公正性和有效性，评估过程可以结合自评、同事评价及上级评价多种途径，并通过具体的案例和数据来支持评价结果。

3.定期复审和调整评估体系。随着企业发展和市场变化，绩效评估体系也需不断调整以适应新的环境。定期对评估体系进行复审可以确保其连续性和相关性，及时改善不合理的评估标准或方法，进而保持评估体系的适应性和有效性。

4.结合绩效结果与员工发展。建立明确的绩效评估体系后，企业应将绩效结果与员工的培训和职业发展规划相结合。通过绩效管理找出员工的强项和改进空间，企业能够提供更精准的培训资源，帮助员工实现个人成长和业务技能的提升。

> **老宋有话说**
>
> ### 宴会酒店绩效的三大挑战
>
> 在餐饮业中，尤其是在宴会酒店领域，实施有效的绩效管理面临着独特的挑战，主要有以下三个方面。
>
> 1.员工自主性。员工普遍希望有更多的自主权，而不是被严格管理。因此，绩效管理体系需要设计得既能指导员工完成必要的工作，同时又不限制他们的创造性和自主性。

> 2. 业务特殊性。宴会酒店结合了餐饮和婚庆两个业务领域，但它并不是两者的简单叠加。这就要求组织架构和岗位职责必须是针对宴会酒店的特点全新设计的。因此，绩效管理体系不能简单地照搬其他类型企业的模式，而应该从零开始，根据具体情况量身定制。
>
> 3. 绩效模型优化。一个能够同时满足宴会酒店和员工双方需求的绩效模型是需要不断调整和优化的。由于缺乏现成的参考模型，设计和管理绩效的过程需要不断地试错和改进。

二、强化数据分析和决策能力

在现代企业运营中，数据分析扮演着至关重要的角色。有效的数据分析能力可以帮助企业洞察市场趋势、优化产品策略、提高客户满意度，并且在决策过程中起到指导作用。利用高级信息技术手段搜集、监控并分析业务数据，企业可以发现并解决运营中的瓶颈，实现业务流程的优化，从而提升绩效，并降低不必要的运营成本。在这个过程中，增强数据分析和决策能力将是企业未来成功的关键。

1. 应用先进的数据分析工具。企业应该投资先进的数据分析工具，如大数据分析平台和人工智能算法，以提高数据处理的速度和准确性。这些工具可以帮助分析复杂数据，洞见市场局势，为管理层提供有力的支持。

2. 培养数据驱动的公司文化。基于数据的决策需要企业在内部建立数据驱动的文化。公司应鼓励员工理解和信任数据分析的重要性，通过教育和训练提升员工分析数据的能力，并养成依据数据来做出决策的习惯。

3. 将数据分析与战略规划相结合。在战略规划过程中，企业需将数据分析的结果与公司的长远目标相结合。这意味着在规划新的项目或产品时，需先进行充分的市场数据分析，以确保策略的有效性。

4.绩效管理中使用数据分析。在绩效管理中，数据分析能够帮助企业确定员工的成果，并作为评估其贡献的依据。通过客观的数据来评价员工绩效，能够更准确地鉴定出员工的进步和成就，从而恰当地给予奖励或提供改进的指导。

三、强调目标导向和结果导向

在激烈的市场竞争中，企业的生存和发展越来越依赖于能否高效达成目标并产出可量化的成果。目标导向和结果导向的管理模式正是为了应对这一挑战而设计的，它要求管理层明确设定目标，量化成果，并以此为基准来评价员工的表现和团队的效率。这种以结果为中心的模式不仅有助于激发员工的动机和责任感，还有助于企业集中资源优先解决关键问题，提升运营的整体效率。

1.设定明确、具体的目标。企业要设定清晰的、量化的、可执行的目标，使每个员工都能够明白自己的工作方向和预期成果。目标的明确性和具体性是激发员工动力的关键，它们帮助员工了解他们的工作对企业目标的贡献，从而提高他们的执行力。

2.以结果为基础的激励机制。一套好的激励机制应当与员工的工作成果紧密相关。这样的激励机制可以是金钱奖励、晋升机会、更多的工作自主权等。当员工的努力和成就被公认并得到奖励，他们会更加积极地向目标努力。

3.结果导向的监督与评估。持续的监督和定期的评估是保证团队成员专注于结果的重要策略。监督过程中应关注进度和质量，而评估过程需以达成的结果为主要评价依据。这样有助于识别表现出色的员工和需要提升的领域。

4.塑造以结果为导向的企业文化。企业文化对员工行为有着重要的影响。塑造一种重视结果、鼓励创新、容忍错误的企业文化能够鼓励员工在追求结果的同时勇于尝试新的方法。企业应努力营造这样一个支持性和开放性的文化环境，以促进员工发挥最大潜能。

> **老宋有话说**
>
> ### 销售考核的关键指标
>
> 婚礼堂的销售考核聚焦于两个核心指标，即婚礼场次和平均单值，这两个指标直接关联到全年的收益。因为，婚宴营业额＝全年场次 × 平均单值。
>
> 1. 婚礼场次。假设全店全年的目标是举办 500 场婚礼，销售团队有 6 名成员。对于销售团队的 6 名成员来说，任务分配不是简单的平均分配，而是根据每个人的能力进行分配，确保 500 场的任务精确分配，既不多也不少。提成比例按照完成 80%、完成 100% 和超过 100% 三个阶梯来发放，这样的激励机制能够显著提升销售人员的动力。
>
> 2. 平均单值。这个指标是指婚宴和婚礼的总的平均金额，考核周期可以是一年或半年。以前一年的平均单值为基准，任何超出的部分都可以获得绩效奖金。此外，通过按场次和平均单值核算，评选出 2 名销售冠军，发放一笔丰厚的年终奖金。

四、激发员工潜力和积极性

在任何组织中，员工都是实现业务目标的关键"资产"。一个设计合理的绩效管理体系可以发挥双重作用：既激发员工的内在潜能，也增强他们的工作积极性。通过设定明确的工作目标、提供合理的评估和均衡的激励机制，员工能够更清晰地认识到自己的贡献，并有更多动机去提升个人表现。同时，关注员工的职业发展与满意度是提升团队绩效的另一重要方面（如图 4-6 所示）。员工感受到公司对其长期发展的投资时，更可能对工作投入热情，对公司保持忠诚。

01 制定透明的绩效标准
02 实施公正的绩效评价
03 提供激励和奖励
04 重视员工发展和满意度

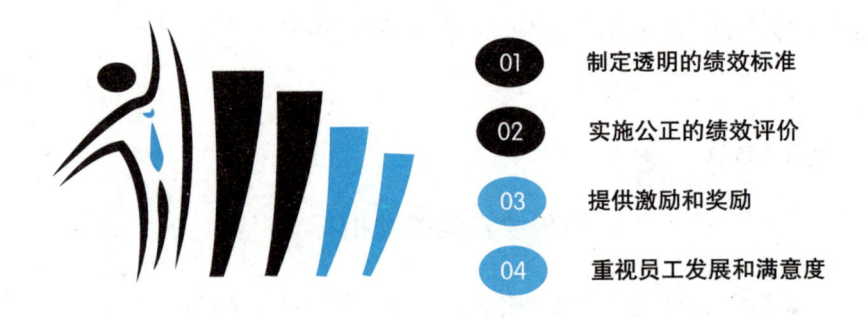

图 4-6　合理的绩效管理体系的四个重点

1. 制定透明的绩效标准。制定清晰透明的绩效标准对于激发员工的潜力至关重要。明确的标准能让员工了解企业的期望值，并提供了一个可衡量、可达成的目标，同时也促进了公正的评估。

2. 实施公正的绩效评价。公平的评估机制是保持员工积极性的关键。绩效评价不应只依据主观判断，而应结合客观数据和多源反馈，确保每个员工得到公正的对待和评价。

3. 提供激励和奖励。激励机制应与员工的绩效和贡献相匹配。奖励的措施不仅包括金钱奖励，还应有晋升机会、培训发展计划等，激发员工持续成长的动力。

4. 重视员工发展和满意度。企业应关注员工的个人发展和职业满意度，通过提供培训和职业规划等途径支持他们的成长，这样不仅能改善员工的工作表现，也能增强员工对企业的忠诚度和归属感。

Hotel Banquet

第五章 创新灵魂

宴会菜品与服务创新

第一节　掌控质量：菜品设计的创新思维

一、确保品味与效益：打造完美宴会菜单

在宴会服务业中，菜单不仅仅是食品的陈列表，它也反映了酒店的风格、品质和服务水平。如何制订能同时满足味蕾、视觉、传统和商业效益的宴会菜单，是酒店管理者不可忽视的重点，其中的关键在于以下三点（如图 5-1 所示）。

味道与品质的均衡
结合美观与传统
利润与档次的把握

图 5-1　宴会菜单的三个关键

1. 味道与品质的均衡。在多数情况下，宴会中的食品制作是一个量产过程。然而，批量生产的核心挑战就在于维持每道菜品稳定的味道和品质。为此，一方面宴会酒店的厨师团队必须研发能够大批量制作的菜式，

同时保证口感和质感与单个精制的菜品相似。这需要厨师们对食材的准备、烹饪时间及配料比例有深入且精准的掌握。

另一个方面是标准化操作流程（SOP）。制定严格的SOP可以确保每位厨师按照统一标准执行，从选材、切割到最后装盘，每一步骤都进行标准化管理，以实现大规模出品的一致性。此外，可以考虑采用先进的厨房设备，以精确控制烹饪条件，如温度和时间，确保每批菜品都能达到预期的味道和品质。

2. 结合美观与传统。宴会菜单不仅要满足味蕾，更是文化的展现。将传统菜肴融入宴会菜单，可以提升宾客对于餐饮的满意度，并为宴会增添一份文化氛围。宴会酒店可以探索如何通过现代呈现手法，赋予传统菜肴新的生命。这也意味着在保留传统菜肴原有风味的同时，通过更符合现代审美的器皿、装饰手法或现场制作表演等方式，增加菜品的观赏性和体验感。

例如，可以通过在传统瓷器中加入现代设计元素，或者在传统料理上加入可食用的花卉装饰，让经典美食以一种新颖的方式呈现在顾客面前。此外，还可以考虑将故事讲述融入菜品呈现，让顾客在品尝美食的同时，也能了解到这道菜背后的故事和文化含义。这种结合传统与现代的服务理念，不仅赋予宴会深厚的文化体验，还能吸引那些追求特色餐饮的客群。

3. 利润与档次的把握。在没有影响顾客满意度的前提下，提高菜单的利润率和整体档次，是宴会酒店菜单管理的重要策略。实现这一点的关键在于通过创新菜品来吸引顾客，同时通过成本效益分析来优化资源配比。高端的主菜能够提升客人餐饮体验的同时，为其他菜品的价格提升提供合理化的解释。例如，当主菜采用高档或者有特别故事的食材时，顾客通常愿意为这种特色付出更高的价格。

此外，菜品的成本控制也至关重要。酒店可以通过合理计算食材的成本及成品的料理时间，精准定价每道菜，并且以合理的利润率来设置菜单价格。同时要开发创意素菜，这类菜品成本低廉，但若处理得当，可在保证美味的同时提升外观，给宾客带来惊喜。

> **老宋有话说**
>
> ### 菜不行，不怪厨师
>
> 在宴会服务中，如果菜品出现问题，责任往往不在厨师。问题的根源可能是厨房规划不当，而这通常是老板或管理层的责任。因此，老板们应当停止无谓地批评厨师长，而是应该审视整个餐饮服务流程中的规划和设计环节。
>
> 厨房的合理规划对于保证菜品质量和效率至关重要。例如，如果在设计阶段，每2~3个宴会厅只规划了一个100多平方米的小厨房，配备了双头灶、双门蒸车和3~4个矮汤炉，且这些厨房仅负责出热菜，那么这些厅的热菜质量和温度就难以得到保证。
>
> 这种情况在许多五星级酒店中也普遍存在。酒店的定位、规划、设计、装修、开业和运营可能由完全不同的团队完成，而这些环节之间缺乏必要的沟通和协调。当运营团队接手时，即使厨师长发现厨房设计不合理，也往往无法进行改动，因为装修已经完成。
>
> 因此，即使是五星级酒店的大厨，也可能因为厨房规划不合理而无法保证菜品的温度和质量。这并非厨房管理方面的问题，而是需要从规划和设计阶段就予以重视的问题。老板和管理层应该承担起责任，确保厨房规划合理，以便厨师能够发挥他们的能力，提供高质量的菜品。

二、宴会菜品管理：精细化成本控制与创新

在宴会酒店业务中，正确的菜品管理策略直接关系到企业的生存和发展。许多宴会酒店在寻求提高利润率的同时忽略了品质的保证，从而走上了一条错误的道路。想要在竞争激烈的市场中获得优势，就必须确定正确的方向，建立一套既能保证菜品质量又能保证利润的管理体系，

其中以下几个方面需要重点关注（如图 5-2 所示）。

成本控制：精细化采购管理

生产效率：改革厨师配备模式

创新生产：合理利用预制菜

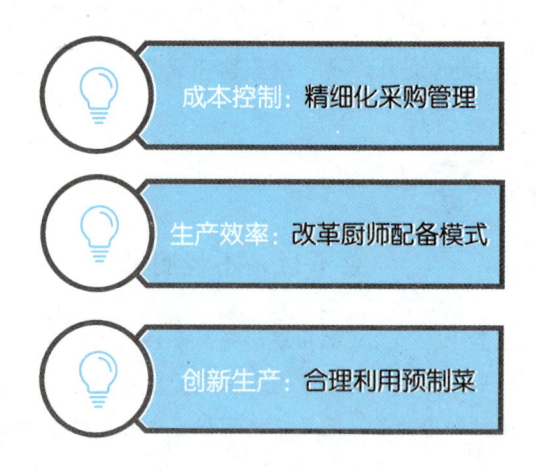

图 5-2　菜品管理体系的三个重点

1.成本控制：精细化采购管理。优化原料采购是提升宴会菜品毛利的首要步骤。作为宴会酒店老板，对各类肉类、海鲜、粮油的购买成本要有绝对的掌控力，可以通过全国范围内不断地与供应商沟通，获取最优惠的价格和最高品质的原料。这不仅涉及价格谈判的技巧，还需要建立一个稳定且质量可靠的供应链网络，确保原料价格的稳定性和菜品质量的一致性。

此外，老板还需要对市场行情有深刻的理解，及时调整采购策略，减少因季节性价格波动带来的成本增加。有效的成本管理可以在不牺牲质量的前提下提高利润。

2.生产效率：改革厨师配备模式。出菜速度和质量是宴会酒店竞争力的体现。酒店要打破传统厨师团队的配备模式，按照宴会的实际需求进行人员与技术标准的优化。宴会酒店的出菜需求是大批量且质量稳定，这就要求老板把技术线和管理线两者结合起来考量。

应设立高标准的出菜质量要求，并合理配置厨师人数，既能保证小规模的宴会需求，又能应对大规模的宴会制作。酒店要对菜品制作进行流程化管理，强调在保证质量的前提下，实现高效率的出菜。

3. 创新生产：合理利用预制菜。预制菜能显著提升出菜速度和降低菜品成本，但必须合理使用，避免质量下降损害酒店声誉。

老宋有话说

如何管理贵菜品

在宴会酒店的运营中，不可避免要面对许多贵的菜品，那么，如何对贵菜品进行管理呢？通常来说有四个关键要求，每一项都对酒店的口碑至关重要。

第一，保证菜品的质量，确保每一道菜品都能达到高标准的美味和外观。

第二，保证上菜的速度，快速上菜能够提升顾客的满意度和整体就餐体验。

第三，节省人工的数量，通过高效的工作流程减少所需的人工数量，以降低运营成本。

第四，降低技术的要求，简化菜品制作流程，使得普通厨工也能制作出高品质的菜品。

这四个要求单独从技术或管理的角度来看似乎难以完全满足，但通过创新的思维和工具可以得到有效解决。例如，我遇到过在贵菜品上管理非常有经验的A酒店，他们就采用了一种"上菜神器"——做菜、上菜一体化的餐车。这个餐车带来了四个优势：一是，大厨负责配方，解决了技术上的难题，确保了菜品质量；二是，非技术人员也能操作餐车，减少了对专业技术人员的依赖，节省了人工；三是，使用砂锅上菜，确保菜品始终保持温度，提升了菜品的质量；四是，提前制作菜品不会影响上菜速度，反而加快了整个上菜流程。

通过这样的创新工具，A酒店成功解决了贵菜品管理的四项关键要求，提升了运营效率和顾客满意度。更多关于管理运营的问题，可以通过类

> 似的创新思维和解决方案来应对，以达到优化运营流程和提升服务质量的目的。

三、宴会中用预制菜的权衡

预制菜近年来在餐饮行业中风靡一时，被认为是节省人力、增加效率的有效手段。但是，宴会酒店是否应该使用预制菜，业界众说纷纭。一方面，预制菜可以显著降低劳动成本和提升菜品制作效率；另一方面，过度依赖预制菜可能会牺牲菜品的味道和质量。

1. 省工成本与自有条件的权衡。那些对于是否使用预制菜持保守态度的宴会酒店老板认为，宴会酒店厨房每年有相当数量的休闲时间，可以在非营业期进行菜品的预制工作，从而避免了额外采购预制菜所需的成本。如此一来，厨房的功能就不仅仅是日常出菜，而是转变为一个预制菜的加工中心。举例来说，手工包子、传统烧卤菜等具有独特味道的菜品，均可以提前制作并储存，既保证了菜品的独特风味，又充分利用了空闲时间。

此外，与外部预制菜供应商相比，宴会酒店自己加工的预制菜能够更好地控制质量，确保食材的新鲜度和口味的地道性。这样的做法不仅没有增加额外成本，还照顾到了那些对传统工艺有所坚持的顾客群体。

2. 顾客满意度与菜品质量的权衡。尽管预制菜可以提升效率，但对于一些对新鲜度要求极高的菜品，则需要慎重考虑。有观点认为，适当地使用预制菜，非但不会降低菜品新鲜度，反而提高了出菜的稳定性。特别是对于那些制作烦琐、要求严格的菜品，如凉菜甜品、技术要求较高的热小吃，采用预制菜的方案，菜品味道的一致性和稳定性也能得到保障。

此外，预制菜在一些不易掌握的调味技艺上，也显示了其优势。例如，调制海鱼等,经过专业厂家按标准化流程预先加工后,不仅确保了味道的统一,还可能因此提升了整体宴会的菜品体验。

3. 依据自身条件决定。宴会酒店是否应该使用预制菜,要根据酒店自身条件及菜品性质来决定。对于那些能够自己加工并保持食材质量和菜品风味的宴会酒店,可能无需或只需少量使用预制菜;而对于那些希望提升效率与稳定性的宴会酒店,则可以合理运用预制菜作为辅助。无论如何,保证菜品质量和顾客的用餐体验始终是宴会酒店的首要任务。

> **老宋有话说**
>
> ### 预制菜是餐饮行业新风口
>
> 预制菜,即预先加工好的菜品,顾客购买后只需简单处理即可食用,这一概念在餐饮行业中逐渐成为新的热点。随着市场对便捷美食需求的增加,预制菜因其顶流的品牌——舌尖英雄而成为资本市场的新风口,引起餐饮业界的广泛关注。然而,资本推动的预制菜与传统餐饮门店提供的预制菜在本质上有所不同,这一点至关重要。对于餐饮门店来说,要抓住预制菜的商机,可以采取两个关键步骤来打通新零售渠道。
>
> 第一,选择店内的畅销产品,与专业厂家合作,将这些产品制作成预制菜,并在门店前台展示销售。通过提供折扣价,如八折促销,吸引顾客进行线下购买。
>
> 第二,利用会员系统和线上平台,如会员商城、社交媒体(如抖音)、共享单车平台和直播等,进行线上精准推广。这样不仅能够增加销售渠道,还能够提高顾客的购买意愿和品牌忠诚度。

第二节　服务革新：宴会服务的提升

一、精通客户预期管理

要成功举办一次宴会，远不止于精致的食物和精美的装饰，更在于对客户预期的准确把握与管理。这不仅能够保证客户满意，也是宴会顺利进行的保障。良好的客户预期管理能够确保服务团队对宴会的每一个细节都有清晰的认识，从而制订出切实可行的计划（如图 5-3 所示）。通过与客户进行深入交流，以解读他们的需求，是建立客户信任和满意度的重要基石。

01 深入沟通，精确掌握需求
02 详细规划，预防风险
03 明确服务范围，管理期望
04 建立反馈机制

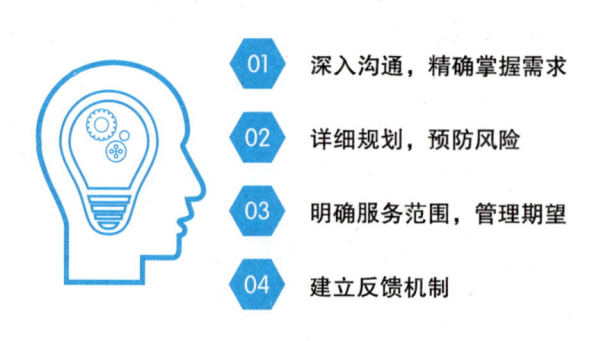

图 5-3　客户预期管理的四个必要工作

1.深入沟通，精确掌握需求。与客户进行深入的沟通是确保宴会成功的首要前提。这需要服务团队通过各种沟通方式与客户建立联系，全面了解客户关于宴会的具体要求。例如，客户希望的宴会主题、氛围及菜单构成等都需要事前确认。此过程中，服务人员还需询问并记录任何客户或宾客可能有的食物过敏或饮食限制，以确保宴会中能提供适宜的菜肴。

2. 详细规划，预防风险。在准确理解了客户需求后，服务团队应制订详尽的宴会计划，从菜单细节到活动时间表，无不体现出对宴会成功的重视。详细规划包括对宴会的布置、服务流程和特殊活动的设计。同时，在此阶段需要预见可能遇到的风险，并为其准备解决策略，确保即使在突发情况下也能保持宴会的流畅。

3. 明确服务范围，管理期望。有效的客户预期管理同样包括明确服务的范围。与客户充分讨论服务所能涵盖的方面和不可行的要求，避免客户因期望过高而导致失望。例如，若某些客户的特殊要求超出了预算或现实可能性，服务团队需要及时与客户沟通，探讨可行的替代方案。

4. 建立反馈机制。成功的客户预期管理还包括在宴会前后建立反馈机制。在服务实施前，与客户确认每一项细节，确保没有遗漏。宴会结束后，收集客户的反馈，这不仅是对服务质量的检验，也是对未来服务改进的指导。

老宋有话说

婚礼的三大服务项目

在婚礼服务行业中，三大核心服务项目是婚庆、婚礼场景和宴席菜品。对于新人来说，婚庆服务通常位于首要位置，其次是婚礼场景的布置，最后是宴席的菜品质量。然而，在竞争激烈的服务市场中，真正能够赢得客户信任并占据市场优势的是优质的服务。

> 许多宴会酒店业主存在一个常见误区，他们认为只要酒店的硬件设施足够优秀，如能容纳 50 桌的大型场地、8 米的层高、无柱的开阔视野及最流行的风格，就一定能够吸引大量客户。这种思维方式过于注重产品本身，忽略了服务的附加值。
>
> 当前，不仅是服务行业，连农业、养殖业，甚至制造业都在通过提升服务质量来增加产品的附加价值。作为服务行业的宴会酒店，如果过分沉迷于产品竞争而忽视了服务的重要性，最终只会导致行业内卷，不断追求更豪华的设施，却无法保证持续的客源。
>
> 有趣的现象是，尽管五星级酒店在婚礼场景和宴会菜品的性价比上可能不如专业的主题婚礼酒店，但在直接竞争新人客户时，往往是宴会酒店处于劣势。这主要是因为五星级酒店的服务赢得了客户的信任，从而在竞争中占据了优势。
>
> 对于宴会酒店来说，提升服务质量，用服务赢得客户的信赖，才是在激烈的市场竞争中取得胜利的关键。切记，只有通过提供卓越的服务，才能建立稳固的客户关系，并在竞争中获得市场。

二、打造专业服务团队

在宴会服务业中，服务人员是宾客体验的直接制造者，他们的专业技能和服务态度对维持和提升宴会酒店的品牌形象至关重要。以员工为本，通过系统化培训提升员工的服务技能和职业素养，是增强服务质量、保障客户满意度的基础举措。为此，宴会酒店必须在服务人员的培训上投入心力，培训要涵盖沟通、应急、个性化服务等各个方面，确保每个员工都能精准掌握宴会服务的要点。

1. 沟通技能的培养。与顾客的有效沟通是服务人员必须掌握的基本技能。服务人员应学会采用清晰、礼貌的语言与客户交谈，无论是回答询问还是解决客户的问题。培训中应该包括模拟不同顾客类型的交流场景，让服务人员学会如何处理各种沟通挑战，从耐心解释菜单选项到妥善应对客户的特殊需求。

2. 应急处置能力的提高。面对宴会服务中可能出现的突发事件，服务人员必须有能力迅速且有效地做出反应。培训应包括急救技能、火灾安全知识，以及应对其他紧急状况的程序，如食物中毒或顾客不适等情况。通过模拟紧急情况，让服务人员熟悉在压力下保持冷静，并寻找解决方案的方法。

3. 个性化服务的细节打磨。宴会酒店的服务必须细致入微，尽可能地满足顾客的个性化需求。此类培训应教会服务人员如何观察客户的行为和偏好，从而提供定制化服务。比如，学会识别客户的非语言信号，判断何时应靠近、何时该保持距离，如何为庆典安排特别的环节等。

4. 服务流程与标准的掌握。让服务人员熟练掌握服务流程和餐饮服务标准，是确保宴会运行顺畅的关键。培训中要教授如何依据上菜顺序提供服务，包括菜品的介绍、推荐及正确的上桌和收桌时间。服务流程培训还应涵盖酒水服务、餐桌布置和餐后整理工作。

老宋有话说

提升宴会酒店服务档次势在必行

在宴会酒店行业中，存在一个普遍现象：星级酒店的档次与服务质量成正比，而宴会酒店的规模越大，服务质量却不一定更好。这主要是因为大多数宴会客户更关注酒店的装修和场地档次，而不是服务本身。然而，随着市场竞争的加剧，宴会酒店之间的竞争逐渐转向以服务质量为核心的多维度竞争。

在城市中宴会酒店数量较少时，市场处于稀缺状态，即使菜品和服务质量一般，只要场地条件优越，酒店仍然能够吸引大量客户。但是，随着越来越多的宴会酒店的出现，单纯的硬件优势已不足以保持竞争力，服务的档次成了关键因素。

> 提升服务质量不能一蹴而就,它需要时间和经验的积累。引入星级酒店的管理团队是一个有效的解决方案。这些团队通常拥有至少十年的行业经验,并能够带领服务团队进行至少半年到一年的专业学习和训练,从而提供高质量且系统的服务。因此,想要提升宴会酒店的服务档次,借鉴星级酒店的服务模式和培养专业的服务团队至关重要。

三、宴会服务流程优化

在宴会酒店行业,服务流程的优化是实现高效运营和提升宾客体验的关键要素。一个设计良好的服务流程不仅能够确保活动顺利进行,还能在宾客心中留下深刻的印象。流程优化需要从宾客抵达的那一刻开始,贯穿宴会的整个过程,直至宾客离开。通过周密的时间管理和为不同宴会量身定做的服务流程,宾客将享受到既专业又贴心的服务,从而为宴会酒店赢得更高的市场声誉和客户忠诚度(如图5-4所示)。

① 严格的时间管理　② 定制化的服务流程　③ 无缝的宾客体验

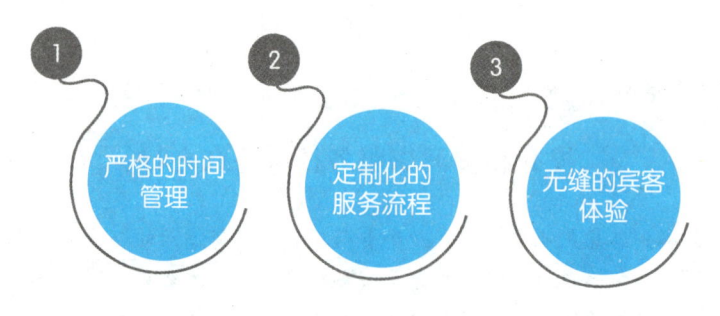

图5-4　优化服务流程的三个方法

1.严格的时间管理。成功的宴会服务流程始于严格的时间管理。宴会的每一项活动,从开场的迎宾到最后的告别,都应事先计划好确切的时间点。这不仅涉及宾客的餐点时间,还包括各种节目的举行时刻和服务人员的工作安排。为每个环节设定时间标准,并确保所有服务人员对此有清晰的认识和准备。

2. 定制化的服务流程。考虑到不同宴会的规模、性质和宾客群的特点，服务流程应当能够做到定制化。小型宴会可能更加注重细致入微的个性化服务，而大型宴会则可能需要更流畅、更高效的批量服务。构建服务流程时，酒店要考虑宴会的具体需求和宾客预期，设计适宜的接待、用餐和娱乐流程。

3. 无缝的宾客体验。整个宴会期间，宾客应感到一切安排都无须他们过多担心，服务人员应能提前预测并满足他们的需要。例如，及时供应餐前酒、及时清理餐具、有效的指引服务和迅速响应宾客的请求等，都是不被打扰的服务表现。

老宋有话说

优秀的宴会服务怎么做

很多宾客在赴宴时都曾感到不安，担心自己的行为可能失礼或出现失误。这样的顾虑我也曾有过，但请放心，这种担忧实属多余。为何这么说呢？因为优秀的宴会服务绝不会让客人陷入尴尬的境地。虽然没有什么是绝对的，但凭借我20多年的服务行业经验，我可以向你保证，无论是普通的聚会还是高规格的国宴，都会有一套精心设计的服务流程来确保宾客的舒适和受到尊重。

想象一下《红楼梦》中刘姥姥初入大观园的场景，她的窘态是因为环境与她格格不入，而非服务不周。专业的宴会服务人员深知一个道理：任何在你的宴会中感到尴尬的客人，都可能不会再次光临。因此，我们会竭尽所能，从细节出发，确保每一位宾客都能感受到尊贵与尊重。

那么，如何确保宴会服务的品质呢？首先，我们需要深入了解宾客的需求和期望，从而提供个性化的服务。其次，服务人员应该接受专业培训，以确保他们能够以高效、礼貌的方式应对各种情况。最后，宴会的每一个环节都应该经过精心策划和演练，确保无缝对接，避免任何可能导致客人不适的情况发生。

> 优秀的宴会服务不仅仅是为客人提供美食和饮品，更是创造一个无忧无虑、愉悦舒适的社交环境。当你下一次参加宴会时，不妨放松心情，享受我们为你精心准备的一切，让你的每一次出席都成为美好的回忆。

四、定期收集反馈并持续改进

在宴会服务行业，持续改进是维护和提升服务质量的基石。客户反馈是这一过程中的关键信息源，它不仅能指出服务过程中的短板，而且能揭示增进顾客满意度的新途径。一个有效的反馈收集和处理体系，能够帮助宴会酒店确保服务质量符合甚至超越客户期望。通过不断地收集、分析和应用客户反馈，宴会酒店可以实现服务的持续改进，为提供卓越客户体验奠定坚实基础。

1.建立多渠道反馈收集系统。收集客户反馈需要一个多渠道的系统，以确保从不同客户群和服务触点获取意见。可以设置调查问卷，这些可以在宴会结束后立即分发，或者以电子邮件形式发送。在线评价系统也是收集客户意见的一个重要方式，它提供了一个方便的平台，使客户能够快速分享他们的体验。同时，通过直接沟通，比如随机电话调查或面对面的访谈，服务人员可以更深入地理解客户的体验和预期。

2.系统化处理反馈信息。收集到的信息应该被系统化处理和分析。构建标准流程，确保所有反馈都被记录、分类并进行评估。可以使用客户关系管理（CRM）系统或定制的数据分析工具来帮助这一过程。这样的分析可以揭示服务的常见问题，同时标识出需要改进的特定领域。

3.将反馈转化为行动。仅仅收集和分析反馈是不够的，最关键的是要把反馈转化为实际的改进措施。制订行动计划，实施改进策略，并将结果反馈给团队，这些都是确保改进能够得到执行的关键步骤。酒店要确保团队了解反馈的重要性，并积极参与到改进措施的实施中去。

4. 定期评估改进效果。对已实施的改进措施进行定期和系统性的评估，以检测它们的效果。这可以通过设置跟踪指标和定期审查客户满意度的统计数据来实现。评估不仅可以帮助确认哪些改变是有效的，还可以激励员工持续关注客户反馈和服务质量。

第三节　主题震撼：标志性厅堂的灵感汲取

一、主题厅空间优化策略

在宴会厅的经营中，空间的规划和利用至关重要，它直接影响着营业效率和客户满意度，进而决定了盈利能力。酒店要结合对市场趋势的洞察和顾客需求的分析，合理配置婚礼厅、主题厅和厨房布局，这样才能够确保业务流畅并带来最大的经济效益（如图 5-5 所示）。

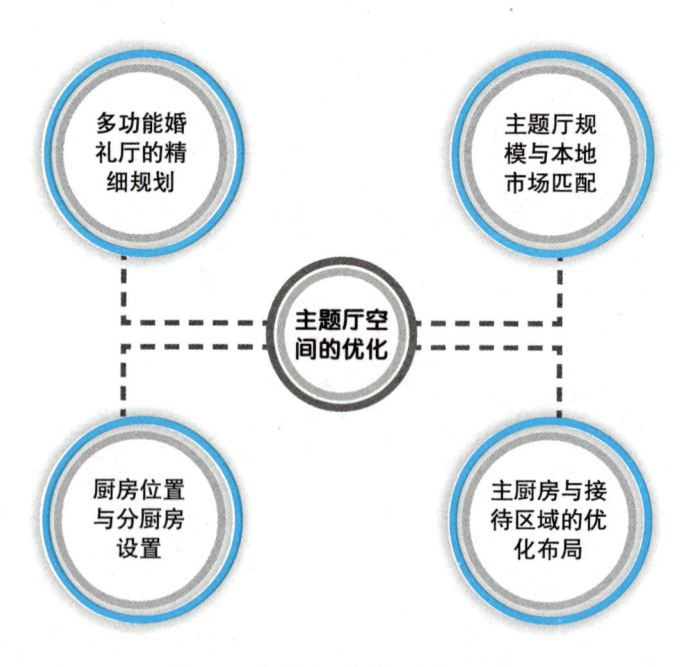

图 5-5　主题厅空间的四个优化重点

1. 多功能婚礼厅的精细规划。针对盈利的主力——婚礼市场，宜规划多个大小适宜的婚礼厅。基础装修应保持时尚简约，以便作为定制婚礼的基础设施，同时预留足够空间用于灵活装饰，包含迎宾区、主副舞台等。过度依赖昂贵的定制化传统硬装往往成本高昂且不利于快速转换场景，影响效率和收益。

2. 主题厅规模与本地市场匹配。主题厅的大小应根据当地市场的主流客桌数量来确定。大型宴会厅仅建议规划一个约为主流桌数 1.5 倍的空间，过大的厅使用频率低，且在经济上不如规划两个小厅实惠。另外，对于包间和小型宴会厅的数量，应根据本地小型宴会的情况和需求进行调整。

3. 厨房位置与分厨房设置。厨房的合理布局对于宴会服务质量同样重要。主厨房最好紧邻主题厅，以保证食物的新鲜和服务的及时性。对于距离较远的厅，宜设立一个专门处理热菜的分厨房，确保服务品质。同时，出菜通道应尽量隐蔽，避免影响顾客用餐体验。

4. 主厨房与接待区域的优化布局。若宴会厅同时兼顾散客业务，建议将主厨房、包间、小宴会厅及大堂布置在接近的区域内。这样的布局在婚礼淡季可以节约近 1/3 的能耗和人力成本，同时便于日常管理和客户服务提供。

老宋有话说

建造宴会酒店的房产标准

在开设宴会酒店时，选择合适的房产至关重要，它直接影响到酒店的盈利能力和运营效率。以下是选择或建造宴会酒店房产时应考虑的几个关键标准：

> 1. 门面要求。酒店应位于一楼临街的位置，拥有宽敞的门面，门面面积需达到300平方米以上，以便于吸引过往客流并便于宣传展示。
> 2. 主题厅规格。酒店内部应包含至少4个主题厅，每个厅的面积大约为700平方米，确保能够容纳大型宴会。厅内最好无柱子，以便提供更加灵活的布置空间和更好的视觉体验。
> 3. 设计与规划。在酒店的设计阶段，提前规划好建筑布局，确保各个厅室的合理分布和有效利用。这样的设计既节约了成本，又减少了后期改造的麻烦。
> 4. 专业性。在选址或建造过程中，一定要依据宴会的专业标准来执行，确保最终的酒店布局、设计和功能都能满足专业宴会服务的需求。

二、主题厅风格规划战略

在宴会酒店行业，巧妙的主题厅规划与设计是打造品牌形象、吸引顾客和提高利润的关键。一个宴会酒店要想在竞争激烈的市场中脱颖而出，并最终在顾客心中占据一席之地，就必须考虑到如何通过主题厅来奠定其行业地位。以下是一些高效规划主题厅，以获取最大收益的策略。

1. 打造代表最高标准的招牌厅。招牌厅的设立是为了展示酒店的高端形象，是对外的一张名片。招牌厅必须是一个华丽的大厅，层高6米，无柱阻挡视线，能容纳不少于50桌的宾客。在风格上，选择代表豪华和典雅的欧式元素，白色或金色主宰的颜色主题，来构筑那种富丽堂皇的感觉。

2. 紧随其后的三个主流厅。为了满足不同顾客群体的需求，建议设立三个颇具特色的主流厅。水晶厅以其多功能性为特点，可以适应婚宴和会议等多种场合，具有广泛的吸引力。蓝色厅主打年轻时尚，容易获得年轻一代的喜爱。香槟厅则对中老年顾客群体有很强的吸引力，经典且不显老气，同时能被年轻人所接受。

3.巧妙设定中式和其他风格厅。在这些主流厅之外，如果预算和空间允许，可以考虑引入具有特定风格的中式厅、森系厅等，这些厅的价格定位要相对亲民，既要贴合市场行情，又要注意与招牌厅和主流厅区分开来。这些厅可以用作市场竞争时的价格砝码，亦即"引流厅"，通过对价格的灵活调整，保持与竞争对手的同价竞争，同时又不失酒店的整体高标准。

4.维持高端形象与保持市场竞争力的平衡。在厅堂定价和营销策略中，重要的是保持招牌厅的高端形象，同时确保有部分主题厅能够吸引价格敏感的顾客。这样，即便是在拥有豪华外观的酒店中，顾客也可以找到性价比高的选择，从而不断为酒店带来稳定的流量。

老宋有话说

婚礼堂四大流行招牌厅

婚礼堂装修怕过时，就选这四款风格，每一款都是销量的保证。

第一种是金色的欧式厅，以富丽堂皇的装修风格著称，虽然装修成本较高，但其经典设计确保了它不易过时。这种风格是婚礼堂三大招牌厅风格中的第一款，历来受到新人的青睐。

第二种是白色的法式厅，这种风格比金色欧式更受年轻人欢迎，同时也得到了父母一代的认可。白色法式设计同样经典且耐看，是三大招牌厅风格中的第二款。

第三种是奥斯卡时尚厅，其大气多元的设计适合各种类型的宴会。自2018年以来，这种风格成为唯一一款能够超越传统欧式招牌厅的主题婚礼堂，展现了其广泛的吸引力。

第四种是新兴起的中式国风厅，随着国人民族自信的增强，举办一场中式风格的婚礼已成为引领时尚的趋势。然而，中式厅的销量还取决于品牌本身的市场吸引力。

三、主题厅规划数量策略

在宴会酒店业，主题厅的数量对于品牌地位和经营效益具有重大影响。合理规划主题厅的数量，不但能保证各种规模宴会需求的有效接待，提升利用率和经济回报，也能帮助塑造酒店品牌形象。过多的主题厅可能会导致资源浪费，而数量不足又可能错失业务机会。以下提供几个建议，帮助酒店确定适宜的主题厅数量（如图 5-6 所示），以确保宴会酒店运营的成功。

1. 县城的主题厅规模：4~6 个
2. 地级市的主题厅规模：6 个以上
3. 注重品牌形象塑造

图 5-6　酒店主题厅数量的三个建议

1. 县城的主题厅规模。针对县城级别的市场，建议 4~6 个主题厅为宜，这样的配置能够满足大部分的宴会需求，同时保持较高的使用率。在此基础上再配备 2 个 10 桌左右的小型宴会厅，以及 10 个以上的包间，可以较好地覆盖不同规模和形式的活动。

2. 地级市的主题厅规模。对于地级市的宴会酒店，6 个以上的主题厅更为合适。由于地级市的商业活动频繁，客户群体更加多样化，拥有更多的主题厅可以更好地立足市场和树立品牌形象。这不仅能满足更广泛的宴会需求，还能在激烈的市场竞争中展现酒店品牌的实力。

3. 注重品牌形象塑造。在宴会酒店经营中，要注重品牌形象的建设。顾客选择宴会场所时往往会考量品牌影响力，因此，主题厅的规划不仅要考虑实际需求和投资回报，还应充分体现酒店的品牌元素和经营理念。

一个宴会厅如果能够具有独特的设计、优质的服务，那么即便在众多选择中，也可以凸显其特色，赢得顾客的青睐。

> **老宋有话说**
>
> ### 持续盈利的婚礼堂风格分析
>
> 经过对过去几年数据的研究，我们发现有两种风格的婚礼堂能够很好地持续盈利：
>
> 第一，宫廷风格。这种风格以奢华为主要特点，首选欧式金色、白色法式宫廷，或者传统中式风格。虽然这种风格从未过时过，但需要较长时间回本，通常在3~5年。一旦建立起来，后期基本不需要再进行大规模的翻新投资。适合拥有五个以上厅的大型酒店，要确保在当地市场中处于领先地位。
>
> 第二，简约风格。以简单的硬装和百搭的白色造型为特点，软装则采用当前流行的材料和颜色，强调时尚与流行性。这种风格的回本周期短，通常不到一年。当流行趋势变化时，可以迅速更换软装来适应市场需求，而由于其通用性的特点，硬装无须频繁变动。

Hotel Banquet

第六章 天平两端

宴会酒店的盈利模式与风险控制

第一节　盈利构架：透视宴会酒店的财务脉络

一、成本控制与管理

在宴会行业竞争日益激烈的今天，宴会酒店的盈亏得失往往悬于一线。掌握成本控制与管理的艺术，不仅能够为酒店保驾护航，更是提升盈利能力的核心环节。有效的成本管理策略能够在节流的同时，提高服务质量和客户满意度，为宴会酒店打下坚实的财务基础（如图6-1所示）。

图6-1　有效成本管理的四项策略

1.精细化的成本分析。宴会酒店需要对成本进行细致的分类和监控，将成本分解为食材和酒水的采购成本、员工的人力成本、场地维护等各个项目，帮助管理者准确了解每一项开销对整体财务的影响程度。

2.批量采购与供应链优化。宴会酒店能够通过以批量采购方式降低食材供应成本，并通过与供应商建立长期合作关系，获得更优惠的价格和更稳定的供应。此外，对供应链进行优化，减少中间环节，可以进一步降低成本。

3. 合理的定价策略。通过对市场的细致研究，宴会酒店需要制订合理的定价策略。它应当既能保证利润，又具备竞争力，容易被顾客接受。

4. 有效的库存管理。为了避免库存过剩或短缺导致的损失，有效的库存管理显得尤为重要。宴会酒店应实行精确的库存监控系统，及时更新库存数据，通过预测分析确保库存与需求保持平衡。

老宋有话说

婚礼堂的免费趋势

在婚礼堂免费的趋势下，受影响最大的利益群体有以下几类：第一，婚庆服务外包的宴会酒店老板，这类老板的损失相对较小，因为只需放弃婚庆公司分成的部分，餐饮收入仍然保留；第二，餐饮和婚庆全自营的宴会酒店老板，这类老板的损失中等，虽然婚礼堂的婚庆服务免费，但餐饮收入依然存在；第三，在宴会酒店承包婚庆的老板，这类老板的损失最大，因为婚庆服务的免费意味着他们的全部收入来源中断，将面临零收入的风险。

因此，在市场上其他婚礼堂全部免费的激烈竞争情况下，如果你选择不免费，就必须满足以下两个条件中的至少一个。

第一，多元化销售渠道。你的酒店应具备稳定的线上与线下结合的销售渠道，能够持续吸引大量客户。这种条件通常适用于一二线城市的宴会酒店，只要客源稳定，哪怕服务不免费，也不必担心生意变差。例如，在东北某二线城市的家电行业，有商家即使不提供免费服务也能保持客源，因为他们拥有稳定的销售渠道和客户资源。

第二，卓越的酒店条件。在三四线城市，如果你的酒店和厅的条件在当地是首屈一指的，那么即使不免费，也能吸引客户。这需要在选址、品牌策划、外装供需、装修及厅的风格等方面进行综合考虑，并确保设计投资总额能在两年或两年半内回本，这样就能将压力转嫁给竞争对手。

二、收入多元化

在市场竞争日渐激烈的今天,宴会酒店若想持续加强盈利能力,单一的收入来源已不再足够。实施收入多元化策略,不仅能够为宴会酒店开辟新的盈利道路,还能加强对各种市场变化的抵御能力。多元化的收入来源能让酒店吸引更广泛的顾客群体,提升酒店的市场竞争力。以下为实现收入多元化的几个策略。

1. 拓展酒店服务项目。宴会酒店可以考虑引入住宿服务,通过提供高质量的客房吸引商旅客户或外地宾客。此外,日常餐饮服务也是增加收入的有效途径,早餐、午餐和晚餐服务可以吸引周围的办公人群和居民来此消费。

2. 利用酒店空间优势。酒店的大厅和会议室在没有宴会预订时可以用于其他用途,如举办展览、讲座、企业培训等,这些活动能为酒店带来租金收入。

3. 举办特色活动。定期举办如美食节、音乐会、婚礼博览会等特色活动,可以增加酒店的知名度,吸引更多的顾客到访,从而增加宴会以外的其他收入。

4. 引入娱乐和休闲设施。增设娱乐和休闲设施,如健身房、水疗中心或歌舞厅等,能提供更多样化的服务,满足顾客的不同需求,提高顾客在酒店的消费额。

> **老宋有话说**
>
> ### 婚礼堂三大收入
>
> 在婚礼堂的收入结构中,婚庆服务无疑是最主要的收入来源,其次是婚宴服务,而小型宴会则排在第三位。这三项服务构成了婚礼堂收入的主要来源,对于任何忽视其中一项或多项服务的酒店来说,其管理者实际上还未真正进入这个行业。
>
> 在这三大收入来源中,虽然小宴会可能是最具挑战性的,但它同时也是积累良好口碑和转化为大型婚宴的重要入口。要成功管理好小宴会,关键在于负责人的选择。如果老板简单地下达命令给经理而不亲自参与,往往难以达到预期的效果。
>
> 以某酒家为例,他们的小宴会经营得很成功,而他们之所以能够成功地经营小宴会,很大程度上归功于他们对这一业务的精心管理和对服务质量的重视。因此,对于那些希望在婚礼堂行业中取得成功的业主来说,理解并重视这三大收入来源的管理是至关重要的。

三、财务与预算规划

在宴会酒店业,一个精准而科学的财务规划及预算体系能够为酒店未来的发展提供强有力的支撑。一个经过深思熟虑的财务规划不仅可以使酒店在不确定的投资中减少不必要的风险,同时也能够为可能出现的市场波动和紧急情况做好充分的准备。基于市场研究和历史数据分析,财务和预算规划应成为宴会酒店运营管理中的一项核心工作(如图6-2所示)。

1.市场研究的重要性。在规划预算前,进行细致的市场研究是至关重要的。宴会酒店需要了解当前市场的需求、顾客的消费能力及竞争对手的定位,以确保预算的有效性和适应性。

- 01 市场研究的重要性
- 02 历史数据的应用
- 03 预算规划的原则
- 04 财务预测的作用
- 05 持续的财务检查与调整

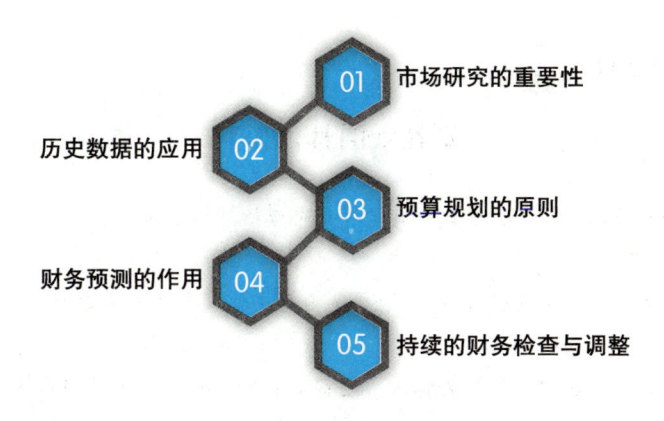

图 6-2　财务与预算规划的五个关键点

2.历史数据的应用。历史数据是规划预算时的另一个重要参考，它提供了营业收入、成本和利润的实际情况，有助于管理者理解和预测未来的财务表现。

3.预算规划的原则。预算的规划应遵循保守原则，即在正常经营状况下，尽量不要预计过高的收入或过低的成本。此外，应考虑将资金留出一部分用于不可预见的支出，以此提高酒店的抗风险能力。

4.财务预测的作用。正确的财务预测能够帮助酒店预测未来的现金流，并在不同的经营周期如旺季和淡季中保持资金的稳定。这对于保持酒店日常运营和应对紧急事件是非常有用的。

5.持续的财务检查与调整。即便有了初步的预算，酒店也需要定期执行财务检查，及时调整预算以应对市场的变化。这种灵活性是确保酒店财务稳健的关键。

> **老宋有话说**
>
> ### 婚礼堂的具体盈利
>
> 你家婚礼堂挣了多少钱？有这样一个模板可供参考：
>
> 年收入＝（平均餐标×平均桌数＋婚庆收入）×婚礼堂场次
>
> 在这个公式中，平均餐标、平均桌数和婚庆收入通常是由市场和服务定价决定的，不易改变。然而，婚礼堂的数量可以通过合理的规划来增加，而场次则与日常运营的效率紧密相关。
>
> 具体来说，每增加一个婚礼堂，就能增加该厅的赚钱机会。如果一个厅一年能举办的婚宴数量是80场，那么在市场条件良好的情况下，有的厅甚至可以举办120~150场。因此，通过这个计算公式，你可以估算出你的婚礼堂在一年内可能少赚多少钱，从而对经营策略进行调整。

第二节　投资智囊：投资回报的精密策略

一、详尽的盈利性评估

在宴会酒店业加速投资决策的同时，如何保障每一笔投资能够实现预期回报，成为业主们需要仔细考虑的重要问题。详尽的盈利性评估，是摆在每一位宴会酒店投资者面前的首要任务。它不仅能预判项目是否可以带来盈利，更是确保投资效率和投资安全的关键步骤。全面考量市场趋势、客户需求、运营成本及预期收入，是构建可靠投资方案的基础。

1. 市场趋势的深入分析。挖掘当前市场的动态趋势是评估盈利性的第一步。理解市场的发展方向，分析消费者需求的变化，评估市场竞争态势，对确定项目的盈利性有莫大的帮助。

2. 客户需求的准确判断。紧跟市场趋势的同时，评估项目是否能够满足或创造出新的客户需求。通过市场调研和反馈收集来判断顾客的具体需求和支付意愿，可以更准确地预测潜在收入。

3. 营运成本的细致核算。详细核算项目的启动成本、固定成本与可变成本，对可能遇到的各类支出进行预测和计划，包含人力、材料、营销及可能的维护和更新等费用。

4. 潜在收入的高效预测。基于上述分析和核算，预测项目的潜在收入。要考虑服务定价、消费频率和客户基数来计算预期收益，并与成本进行对比，确定投资能否在预定时间内得到回收。

5. 对投资风险的评估。除了盈利性评估外，认识和评价相关风险也同样重要。酒店投资者要分析投资回报的确定性和不确定性因素，包括市场风险、成本风险和竞争风险，并制订应对策略。

> **老宋有话说**
>
> **婚礼堂投入与回报**
>
> 500平方米的宴会厅，毛坯房建成，花100万元或160万元，你选哪一个？
>
> 虽然更高的投资额可能带来更好的视觉效果和客户体验，但回收成本的时间取决于市场需求。如果市场尚未饱和，投资100万元可以在两年内实现回本。以每年举办60场活动计算，每场活动仅需要净赚8300元就能达到这个目标。然而，如果市场竞争已经非常激烈，即使是100万元的投资也难以吸引足够的客户，订单量无法提升，那么这笔投资可能不会带来预期的回报。
>
> 在这种情况下，考虑市场的低参观率、低婚庆收费和激烈的竞争压力，连100万元的投资也可能在两年内难以回本。因此，决策者面临的问题是：如果市场已经饱和，是否应该追加投资以打造更具吸引力的宴会厅？如何在竞争激烈的市场中脱颖而出，增加订单量？在低收费和高竞争的市场环境下，如何调整商业模式以确保投资回报？
>
> 这些策略性问题需要基于对市场的深入分析和对未来趋势的预测来解决。酒店可能需要探索创新的服务模式、营销策略或合作伙伴关系，以提高市场份额，并确保投资的可持续回报。

二、财务模型的构建和应用

在宴会酒店行业对投资项目做出精确财务评估，是确保长期稳健发展的关键。酒店要构建一套全面的财务模型，使管理者能在数据的支撑下，层层剖析与预测投资的财务成效（如图6-3所示）。这个模型不仅给出投资的现金流量图，更能通过一系列财务指标，如净现值（NPV）和内部收益率（IRR），来评估项目的盈利前景。

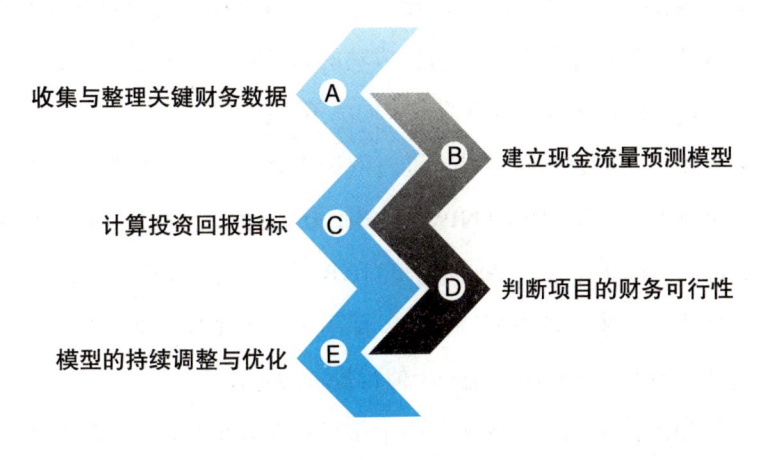

图 6-3　构建财务模型的五个步骤

1. 收集与整理关键财务数据。首先，必须对项目从启动到运作每个阶段的财务需求进行详尽的收集。这个数据收集过程应该包括初始投资的成本分析，例如，购买土地、建筑和装修的全部开支。其次，是对运营成本的预测，比如员工工资、日常维护费用及市场营销的投入。同时，预期收入的估算也必不可少，这涉及对未来客流量的预测和收费标准的确定。最后，未来维护和设备更新的开销也要考虑在内。确保每一笔成本和收入都经过精确计算，并能够被财务模型所反映。

2. 建立现金流量预测模型。接下来将这些数据整合，构建一个现金流量预测模型。模型要能够展示未来整个投资周期内，资金如何流入和流出的。现金流的管理对于任何投资项目都至关重要。正确的现金流量预测能够帮助投资者明确何时需要额外资金注入，以及项目何时能够开始产生利润。精确的现金流量模型能预测所有预期的营运活动，包括季节性的收入波动，从而使模型更接近现实经营情况。

3. 计算投资回报指标。利用现金流量预测模型的结果，计算出对项目至关重要的几个财务评估指标。其中，净现值能够展示出项目所有现金流入和流出的当前价值。内部收益率能够告诉投资者项目预期的年回报率。这两个指标是评估项目财务成功的重要标准，它们能够为投资者提供是否进行投资及该投资价值多少的决策支持。

4. 判断项目的财务可行性。通过对财务评估指标的分析来判断项目的财务可行性。一个积极的 NPV 指该项目的投资回报超过了起始的资本成本，而一个高于市场基准回报率的 IRR 意味着项目能够带来稳定的年收益。如果一个项目的 NPV 和 IRR 都满足以上条件，通常可以认为这个项目在财务上是可行的，是一个值得投资的选择。

5. 模型的持续调整与优化。由于市场条件和项目本身的发展都是不断变化的，因此，持续地对财务模型进行调整和优化是必要的。在投资的整个周期中，需要对模型输入的每个假设进行定期的复审和更新，以确保模型始终能反映最新、最准确的财务预测。随时监控市场动态和项目进度，并把这些信息及时反馈到模型中，可以帮助投资者适时作出战略调整，最大化投资收益。

老宋有话说

一个主题厅的盈利能力

为了估算一个主题厅一年能赚多少钱，我们可以按照以下步骤进行计算：

首先，我们假设每场宴席的收入是 1000 元一桌，30 桌则是 30000 元。利润按照 26% 计算，那么每场宴席的利润是：$30000 \times 0.26 = 7800$ 元。

婚庆服务收费 10000 多元，假设利润为 10000 元。因此，每场宴席的总利润是宴席利润加上婚庆利润，即 $7800 + 10000 = 17800$ 元。

要达到一年赚 100 万的目标，我们需要计算需要举办多少场宴席：$1000000 \div 17800 \approx 56.18$ 场。

> 因此，如果一个主题厅一年能赚100万，至少需要举办57场宴席，这个收入并不算多，尤其是当考虑到运营成本、市场竞争和季节性波动等因素时。实际的盈利能力需要根据具体的经营状况和市场环境来评估。

三、风险管理和缓解策略

在宴会酒店业的投资决策中，风险管理是确保投资收益稳健增长的重要环节。任何投资项目都伴随着种种风险，如何识别这些风险，并有效地管理与缓解它们，是每一个精明的投资者所必须掌握的技能（如图6-4所示）。正确的风险管理不仅可以预防不必要的损失，更能够提高投资决策的质量，确保项目的成功。

全面识别投资风险 → 制订风险管理计划 → 建立风险监控系统 → 应急计划与灵活调整

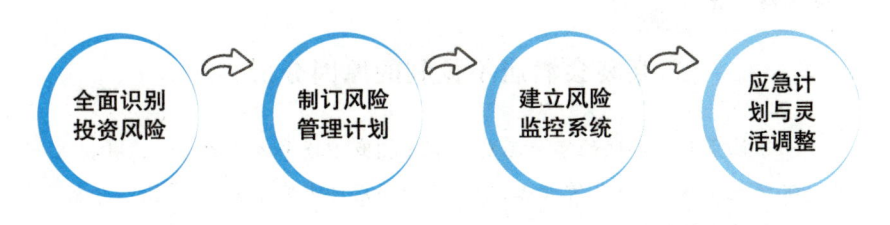

图6-4　酒店风险管理的四个步骤

1. 全面识别投资风险。首先，要对投资项目可能面临的所有风险进行全面的识别。这包括市场风险、信用风险、操作风险等。例如，市场趋势的变化可能会影响项目的盈利，客户的支付信用情况可能会影响现金流的稳定，而内部的操作问题可能会导致成本的不必要增加。识别出这些风险后，可以对它们进行分类，按照可能发生的频率和对项目资金的影响程度来进行评估。

2. 制订风险管理计划。在识别和评估了风险之后，酒店要制订出具体的风险管理计划。这涉及设定风险管控标准与程序，如为每种风险设置阈值与预警系统，确定避免、转移、接受或减轻风险的策略。例如，可以通过保险来转移风险，或者通过多元化投资策略来分散风险。

3.建立风险监控系统。为了确保管理计划的有效实施，需要建立一个持续的风险监控系统。系统应能够实时监测和报告风险指标，以便在问题发生之前及时发现并采取措施。这包括定期的风险评估报告和实时的风险事件监测。

4.应急计划与灵活调整。除了预防性的风险管理外，还必须准备应对不可预见风险事件的应急计划。这包括备用资金的设立、紧急情况下的决策流程等。同时，风险管理是一个动态过程，管理计划和策略也需要随着外部环境和内部条件的变化而灵活调整。

老宋有话说

某宴会酒店不盈利的原因分析

一家位于北方县城的宴会酒店，尽管拥有1万平方米的面积，并投入了1700万元资金，生意非常火爆，但开业一年后却未能盈利。经过团队分析，主要存在以下两个问题：

1.婚宴厅数量不足。该场地本可以容纳至少9个婚宴厅，但实际上只规划了5个厅，其余空间被用作包房和名档，导致散客收入无法弥补婚宴收入的不足。在结婚高峰期，由于只能接待5家婚宴，营收未能达到预期水平。

2.婚庆外包成本过高。酒店承担了95%的人工费用，而婚庆服务作为利润的主要来源（占全店利润的60%），酒店仅能从中获得不足1/4的分成，导致大部分利润流失，财务负担过重。

这两个问题均源于前期规划时的定位错误。老板过分追求打造城市的豪华待客厅，却忽视了宴会酒店盈利的基本逻辑。尽管日常生意看似红火，但员工忙碌一天的收入无法与一场婚宴的利润相比，且婚宴的大部分利润被外包婚庆公司带走。因此，对于想要开设宴会酒店的投资者来说，前期的市场考察和定位规划至关重要，这是确保未来盈利的基础。

四、市场竞争分析

在宴会酒店行业的激烈市场竞争中，卓有成效的投资策略是企业成功的关键。为了在竞争中保持领先地位，深入分析市场竞争对手的行为及表现是至关重要的。通过对竞争对手的策略进行剖析，宴会酒店不仅可以发现自身的优势和不足，还可以依据市场情况调整投资计划，以实现持续的竞争优势。以下是市场竞争分析的要点。

1. 对竞争对手的投资进行跟踪。首先，系统地收集关于竞争对手投资动作的信息，包括他们的资金投向、投资项目的规模和类型，以及投资的时间框架。这些信息可以从公开的财报、新闻发布、行业分析报告等渠道获取。通过这些数据，预测竞争对手的长期战略意图和短期操作目标，从而制订出能够对抗或绕过这些策略的投资计划。

2. 分析市场表现与客户反馈。继续分析竞争对手在市场上的表现，这不仅涉及财务成功的指标，如利润水平和市场份额，还包括客户满意度和品牌知名度。我们可以通过社交媒体、在线评论和顾客调查等方式收集数据。这些信息有助于理解竞争对手成功的原因，以及市场可能存在的需求空白，为制订投资策略提供依据。

3. 评估自身投资策略。根据对竞争对手的深入了解，仔细评估自己的投资策略。对比竞争对手的投资决策，明确自身的投资策略在哪些方面具有优势，在哪些方面存在劣势，包括投资规模的决定、投资领域的选择或是投资时机的把握等方面。识别这些差异后，调整自身的策略，利用竞争优势，同时弥补不足，从而提升整体的市场竞争力。

4. 制订针对性的投资调整。最后，基于以上分析，实施具有针对性的投资计划调整。这包括转变投资重点、优化投资结构，或者寻找新的市场机会。通过灵活地调整投资策略，确保能够快速应对市场变化，把握新的市场机遇，使企业始终处在有利的市场竞争位置。

老宋有话说

某酒家小型宴会的成功经营策略

河南某地的某酒家通过专注于小型宴会的经营，成功实现了每个店每月近300万的营收，其中婚宴占全店收入的30%以上。以下是其成功的几个关键策略。

1. 重视仪式感。该酒家对小型宴会的重视程度与婚宴相同，注重仪式感和隆重性。为了增加节目的吸引力，酒店组织了一个小队伍，并定期邀请专业老师进行培训，确保节目内容的及时更新和质量。

2. 上菜仪式的讲究。在不增加菜品成本的前提下，该酒家注重头菜和大菜的呈现，力求让客户感受到被重视，同时展现出菜品的高档次。

3. 老板的坚持和重视。该酒家的成功在很大程度上归功于老板的个人努力和坚持。老板亲自参与从引流到转化的全过程，包括流程设计和服务执行。有时为了签下一个客户，可以跟进半年的时间。尽管前期投入大而收益小，但老板的坚持最终给酒家带来了丰厚的回报。

通过这些策略的实施，该酒家即使在淡季（如六七月份）也能实现两三百万的营收。这个案例证明了，即使在竞争激烈的餐饮市场中，通过专注和坚持，小型宴会的经营也能成为酒店收入的重要来源。

五、监测与评价体系

在宴会酒店投资管理中，建立一个精确的监测与评价体系对于跟踪投资效果、确保目标达成具有不可或缺的作用。这种系统性的监测不仅可以为投资决策提供实时数据支持，更可以使管理团队能够快速响应市场的变动。一套有效的监测与评价体系包含了定期的性能评估、持续的进度监控和及时的策略调整。以下为构建这一体系的关键步骤（如图6-5所示）。

```
01 设定监测指标
02 建立定期评价流程
03 实施实时反馈机制
04 完善透明度和责任制度
05 定期审视和更新评价体系
```

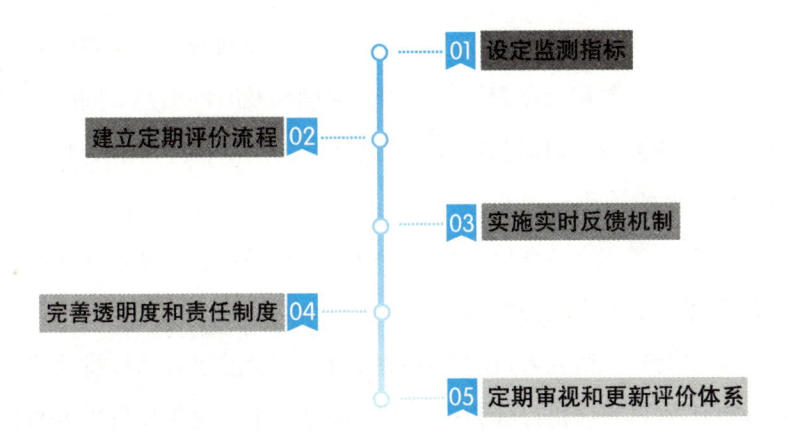

图 6-5　构建监测与评价体系的五个关键步骤

1.设定监测指标。首先需要确定一系列量化的监测指标，这些指标应覆盖投资项目的各个方面，从财务表现、市场占有率到客户满意度。确保这些指标既全面又可度量，有助于团队清晰地了解项目运作的状况。它们应该与投资的长期目标和短期里程碑紧密结合，以便准确评价项目在各个阶段的表现。

2.建立定期评价流程。构建定期的评价机制来对项目的进展和效果进行审查。可以通过定期的会议、报告和审计来完成这一流程。这些评价不应仅仅是文书工作，而应该促进对项目管理的实质性反思和改进。定期评价提供了一个正式的机会，让各部门更新投资项目的进度，分享经验教训，并根据评价结果调整未来的行动策略。

3.实施实时反馈机制。为了能够及时调整策略以应对市场变化，实时反馈机制是监测与评价体系中的重要组成部分。利用现代技术，比如投资管理软件或数据分析工具，可以实时跟踪关键性能指标，并及时将偏离预期的情况报告给决策者。这种实时监测的存在使项目团队能够迅速识别和解决问题，从而维护投资项目的健康运行。

4.完善透明度和责任制度。确保投资监测与评价体系的透明度，这样所有利益相关者都能对项目的进度与表现有清晰的认识。投资监测体系应能够向管理层和投资者提供透明、准确和及时的信息。同时，建立明确的责任制度，确保项目各方对于监测结果有所响应，依据评估结果，按时采取必要的行动。

5. 定期审视和更新评价体系。与市场动态同步，定期审视和更新监测与评价体系本身也是必要的。随着项目向前推进，监测指标和评价流程可能需要调整来适应项目的新阶段或市场的新要求。这种持续的改进不仅保证了体系与项目目标的一致性，也保证了其对于投资决策的长期贡献。

第三节 定价智慧：构筑宴会厅的价格之刃

定价是宴会酒店业务中至关重要的一环，它直接关系到企业的收益能力和市场竞争力。智慧定价意味着要在保证盈利的同时，把握顾客的心理预期和支付意愿，以及考虑市场上的竞争状况。以下几个要点将为宴会酒店定价提供指导。

一、理解市场需求和客户价值感知

在宴会酒店业，良好的定价策略不仅关系到盈利能力，更关系到市场竞争力的构建。透彻地理解市场需求和客户的价值感知，将确保宴会厅定价策略的有效性。这不仅仅要求对市场趋势和消费行为的分析，更要求对竞争对手的策略有所了解（如图6-6所示）。

01	02	03	04
分析市场需求	评估客户价值感知	研究竞争对手定价策略	识别独特价值和差异化因素

图6-6　良好的定价策略的四个重要措施

1.分析市场需求。首先，我们需要分析现有的市场状况。这包括宴会市场的供需关系、行业增长率、目标市场的购买习惯和消费能力。深入地理解这些因素可以帮助我们预测市场的潜在需求和定价容忍度。例如，如果一个地区的宴会市场供不应求，我们就可能有机会设置较高的价格。

2. 评估客户价值感知。了解客户对产品价值的感知同样重要。价值感知是指客户对于服务或产品质量、品牌形象，以及他们愿意为这些方面支付的价格的主观评估。这直接影响他们的购买决策。通过调研和反馈，收集关于客户对于宴会厅服务的价值感知，可以帮助我们更有针对性地设定价格。

3. 研究竞争对手定价策略。对竞争对手的定价策略做深入研究也至关重要。分析竞争对手的价格构成和变动模式，理解他们的定价逻辑，能够帮助我们确定自己在市场中的位置。这样在市场上如果出现价格战，酒店就可以知道如何应对并保持自身的优势。

4. 识别独特价值和差异化因素。在定价前，识别自身服务的独特价值及差异化因素是不可忽视的一部分。无论是地理位置的优势、独特的服务模式，还是品牌的影响力，这些都是客户价值感知的重要组成部分。准确地评估这些因素，并在定价时予以体现，将有助于提升客户的满意度和忠诚度。

> **老宋有话说**
>
> ## 婚礼堂定价策略的三个层次
>
> 在宴会酒店行业中，尽管投入成本相似，但不同婚礼堂之间的盈利差异可能很大。这种差异往往与定价策略有关，具体可以分为以下三个层次。
>
> 1. 市场标准定价（初级定价）。在这个层次，定价权在客人手中，即按照市场的一般标准来定价。无论是宴席还是婚庆，价格都是参照当地的平均水平来设定。

这种模式容易导致利润较低，因为商家无法通过价格差异化来获得竞争优势，从而在市场竞争中处于劣势。

2. 产品标准定价（中级定价）。在这个层次，定价权在商家手中，即根据产品的标准来定价。酒店需要从筹建之初就考虑如何引领当地宴会市场，包括风格、投资金额及预期收益，都有明确的预算和规划。

这种模式下的价格是经过科学设计的，无论是宴席还是婚庆，都能体现出商家的独特价值和引领地位。

3. 服务标准定价（高级定价）。这个层次的定价由团队主导，即基于服务的高标准来定价。例如，如果其他家的宴席价格是每桌1000元，而你的酒店定价为1200元；婚庆服务其他家定价为16800元，而你的酒店定价为18800元。

这种定价策略的背后是团队的共同努力，包括厨房团队、服务团队、婚庆团队，以及管理层和培训老师等。他们通过投入大量的人力、物力、财力和精力来确保对新人的服务质量，从而创造出良好的口碑。即使价格比竞争对手稍高，客人也愿意为此买单。

二、采用灵活的定价策略

在动态多变的市场中，灵活性是宴会酒店在制订定价策略时不可或缺的特质。灵活的定价策略能够让酒店快速应对市场变化，满足不同客户需求，以及在各种市场条件下优化收益。这样的策略包括实施季节性价格、提供早鸟优惠及执行量价折扣策略等（如图6-7所示）。通过细致规划，宴会酒店可以利用灵活的定价机制来增加市场竞争力。

01 实施季节性价格调整
02 提供早鸟优惠和特别促销
03 执行量价折扣
04 构建多层次定价机制

图6-7 四种灵活的定价策略

1. 实施季节性价格调整。季节性价格调整是一种常见且实用的策略，它考虑了市场在不同时段的需求波动。例如，在婚礼旺季，酒店可以适度提高宴会厅的租赁价格；而在淡季，则可以通过降低价格吸引客户。通过这种方式，酒店能够在高需求时获取更好的利润，同时在低需求时仍保持客户流。

2. 提供早鸟优惠和特别促销。设置早鸟优惠是鼓励客户提前预订的有效手段。通过减少临时预订带来的不确定性，酒店可以更好地规划资源和人力，提高运营效率。此外，特别促销活动，如节日特惠或周年庆优惠，能够在短时间内吸引大量客户，促进宣传，提高品牌知名度。

3. 执行量价折扣。为大宗订单提供折扣能够吸引更多的企业客户或大型活动组织者。通过这种策略，酒店不只是单次增加收入，更建立了长期合作的基础。此外，量价折扣也是一种良好的市场细分策略，通过不同价格层次满足不同消费能力客户的需求。

4. 构建多层次定价机制。为不同服务级别设置不同的价格，能够满足从经济型到高端用户的需求。这种差异化的定价方式让客户可以根据自己的预算和需求选择合适的服务，同时使得酒店可以覆盖更广泛的市场段，最大化收益潜力。

老宋有话说

婚礼堂两大定价模式

在婚礼堂的经营中，存在两种主要的定价模式，每种模式都有其优势和劣势。

第一种，资源收益最大化模式。这种模式将吉日分为不同层次，较好的吉日的价格高，次级吉日价格低，并对不同吉日的各厅总消费设定了最低标准。优势在于能够在好日子实现高收益，同时在平常日子通过较低的

> 价格吸引更多客户，从而最大化收益。然而，这种模式对销售团队的要求较高，且可能给客户留下"大店欺客"的不良印象，若处理不当，还可能引发负面影响。
>
> 　　第二种，统一定价模式。这种模式下，宴席价格在所有厅使用同一套菜单，客户可以自由选择，婚庆价格固定不变，大厅价格最高，小厅价格最低。统一的定价策略有助于形成一致的口碑，降低了销售的难度。但是，这种模式可能导致大厅被桌数不多且消费低的客户占据，从而影响整体收益。

三、预估成本和盈利目标

　　在制订宴会酒店的价格策略时，对成本的全面理解是至关重要的。它涉及直接成本（如食材和员工工资）和间接成本（如维护费用和市场营销支出）。价格不仅要覆盖这些成本，还要为投资者带来预期的回报。合理的成本分析让定价更科学、更有竞争力。

　　1.明确直接成本。直接成本是为提供宴会服务直接发生的费用，包括食材费、餐饮人员工资、场地布置费用等。这部分成本往往与服务的规模成正比，故在定价时需要考虑服务规模和成本的直接关联。通过精确计算每项服务的直接成本，我们可以根据不同服务设置不同价格，确保每项服务都能盈利。

　　2.估算间接成本。除此之外，还要估算间接成本，如公用设施费、营销费用、管理费等。这些成本要分摊到每项服务中，虽然相对隐性，但在定价时同样重要。因此，间接成本的合理估算将影响整体的定价策略及盈利目标的实现。

　　3.定期检视成本结构。市场条件和运营效率的改变会影响成本结构。因此，定期检视并且重新评估成本结构对于保持价格优势和盈利能力非常重要。通过优化运营流程和采购策略可以有效地控制成本，提升利润空间。

4.确立盈利目标。在营收盖过成本的基础上,盈利目标的设定决定了最终的定价水平。酒店要根据市场状况和自身财务需求,合理设定利润率。此外,还需考虑长期盈利能力和品牌价值增长,这些因素对盈利目标的设定同样重要。

老宋有话说

优化经营数据的三个方面

宴会酒店要提高盈利能力,需从婚庆运营和餐饮宴席运营两方面着手,同时优化二次销售产品和服务。

1.婚庆运营方面。

传统婚礼:涉及策划、布置场地及所谓的"四大金刚"(摄影、摄像、司仪、化妆),利润率通常不超过40%。

婚礼堂模式:提供一站式服务,包括场地和"四大金刚",这种模式的利润率可超过70%。

人力资源配置:固定费用主要集中在销售人员和督导上,而"四大金刚"则采用外聘方式,作为变动成本处理。

2.餐饮宴席运营方面。

原料采购:通过大宗集中采购原料来提升毛利率,从而增加利润。

技术与设备:利用集中技术和定制设备降低技术工资并减少用工量,以降低成本。

提升单值:通过降低毛利率来吸引顾客,提高成交率,从而提升整体利润。

3.二次销售产品优化。

婚庆附加产品:包括婚车、甜品、台卡、婚纱礼服等,满足新人需求的同时增加额外收入。

礼品服务:通过销售糖果、香烟、酒水、瓜子、饮料、伴手礼等小商品来实现小额利润累积。

一站式服务价值:强调性价比,提供全面的服务,增加客户黏性,促进口碑传播。

四、监测定价效果并灵活调整

在宴会酒店行业中，定价策略的实施并非一劳永逸，而是需要持续监测和应变的动态过程。通过监测市场反应和收入变化来评估现行定价的成功程度是至关重要的。即使一个精心设计的定价计划也可能因市场或内部因素而需要调整。灵活性和对数据的即时响应能力是保持价格竞争力的重要元素。以下是有效监测和调整定价策略的关键步骤（如图6-8所示）。

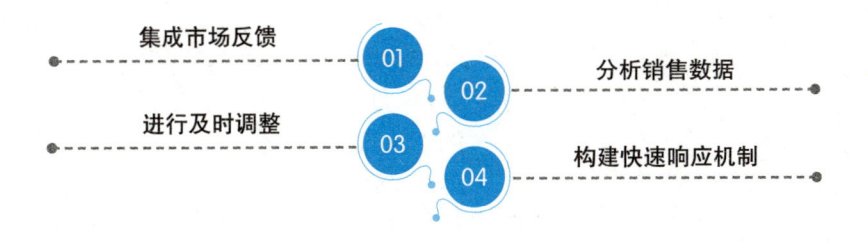

图6-8 监测和调整定价策略的四个关键步骤

1. 集成市场反馈。在定价策略推出后，积极地从市场中收集反馈是非常重要的。这包括监测消费者的接受度、收集顾客满意度调查结果，以及分析社交媒体上的公众反映。这些信息可以提供直接的市场反馈，显示定价策略是否符合客户预期和接受范围。

2. 分析销售数据。定期的销售数据分析可以揭示定价策略的经济效果。这包括审查销售量、收入水平及市场份额等核心指标。销售数据的细致分析有助于确定哪些价格是最有效的，以及哪些可能需要调整。

3. 进行及时调整。当监测结果表明定价策略需要改善时，及时做出调整非常关键。这意味着要对价格进行微调，或对某些服务的价格进行大幅度调整。灵活调整价格可以帮助宴会酒店更好地应对市场变动，如季节性波动、新竞争者的进入或消费者偏好的变化。

4. 构建快速响应机制。为了能够快速调整定价策略，构建一个有效的响应机制是必要的。可以组建一个跨部门团队,负责监测市场趋势,并拥有调整价格的权力。这样的机制可以确保酒店能够迅速对市场变化做出反应,从而维护其价格优势。

第四节 危机预防：宴会酒店风险管理

一、财务风险管理

宴会酒店在运营过程中可能面临多种财务风险，这些风险可能来源于市场波动、客户支付能力、成本控制等多个方面。财务风险管理是确保酒店盈利稳定，避免潜在损失的关键步骤。

1. 分析市场和经济趋势。宴会酒店需要密切关注市场和经济趋势，尤其是对利率、汇率和通货膨胀等经济指标的变化趋势进行监控。这些因素会影响客户的预订频率和消费能力，从而影响酒店的收入。通过及时分析这些趋势，酒店可以预测并应对可能的市场变动。

2. 管理债务和资本结构。债务管理对于宴会酒店来说是一项重要的财务工作，不仅因为贷款往往是资金来源的主要途径，而且因为债务的多少和性质直接关系到酒店的财务健康。一个良好的债务管理策略应该确保酒店借入的资金能够产生超过借款成本的回报，同时还要拥有足够的现金流来偿还债务。债务结构的优化，比如选择固定利率或浮动利率贷款，长期与短期债务的合理搭配，都对稳定酒店的财务状况至关重要。宴会酒店也应该通过多元化的融资方式来分散风险，并确保在不同的市场环境下都能获得必要的资金支持。

3. 构建严格的成本控制体系。运营成本控制对于宴会酒店的长期财务稳定至关重要。酒店需要建立一套覆盖各个方面的内部成本控制体系。

从最基本的员工工资、能源费用到更为复杂的供应链管理，宴会酒店都应该定期进行成本审计，发现成本过高的原因，并采取措施加以控制。例如，通过调整能源使用策略和设备运作时间来降低能源成本；通过与供应商谈判来实现原料和物料的批量采购优惠；通过使用自动化技术来提高服务效率并减少人力支出。这些措施都能够帮助宴会酒店有效减轻财务压力，提高盈利能力。

4. 设置信用管理策略。在宴会酒店行业中，客户经常需要预先订房或预付一定金额的宴会服务费用，这便涉及信用风险管理问题。一个有效的信用管理策略应能够对所有客户进行信用评估，特别是对那些大型活动的组织者，因为这通常涉及较高的预付款和信任度。宴会酒店可以通过查看历史交易记录、信用评分和其他财务信息来评估客户的信用风险。此外，制定明确的信用规则，包括信用限额和付款条款，有助于确保和客户的协议是双方都能接受的。而一个精确、高效的应收账款跟踪系统更是不可或缺的，它确保酒店能够及时了解未收款项的状态，采取必要措施以加快回款速度，减少坏账风险。

5. 制订紧急资金调度方案。宴会酒店在运营过程中可能会遇到需要突击解决的财务压力，如突发的大规模维修或市场瞬间变动。对于这样的情况，拥有一个紧急资金调度方案显得尤为重要。酒店管理层应制订一个预设的资金周转计划，比如建立一个保障流动性的现金储备池或设置一条信贷线，确保在遭遇现金流短缺时可以迅速获得资金。此外，合理的短期投资策略也能在必要时提供额外的现金流。通过多渠道的财务准备，酒店可以保障在资金紧张时依旧能够顺利应对，并稳定运营，减少因财务问题对客户服务质量造成的影响。

二、市场风险管理

市场风险管理对于宴会酒店而言同样很重要。酒店行业的市场风险涉及客源市场的变化、消费者偏好的转变、竞争对手的策略等因素。为了确保酒店能够适应市场的波动并维持竞争力，必须有相应的策略来识别和应对这些风险（如图 6-9 所示）。

图 6-9　市场风险的五个应对策略

1. 进行市场趋势分析。市场趋势分析对宴会酒店来说是非常重要的业务支撑。有效的市场趋势分析可以帮助酒店捕捉消费者行为的细微变化，准确预测未来市场的走向，并及时调整酒店的业务策略。这种分析包括对宾客的消费习惯、预订渠道及服务偏好的统计和评估。例如，随着数字化和社交媒体的影响力日益增强，酒店可以加强对这些渠道的营销力度，以吸引更多年轻客户。再例如，通过分析市场上的消费动态，酒店可能会发现特定时间段内的宴会需求上升，从而提前准备，提供定制化的服务包，满足市场需求。市场趋势分析不仅能让宴会酒店及时把握和利用市场机遇，还可以让其在激烈的市场竞争中站稳脚跟。

2. 提高市场适应性。宴会酒店面临的市场环境日益变化，消费者需求也不断演进，因此，提高市场适应性成为酒店业务生存和发展的关键。酒店需要在市场需求发生变化时快速做出反应，调整其服务和产品以满足新的趋势。例如，随着健康与环保意识的增强，酒店需要推出更多低碳足迹的宴会选项或增加有机食品选择。此外，跟随科技发展潮流，利用数字工具，比如移动应用、社交媒体和AR技术等，来增强客户互动和改善体验，这也是提高市场适应性的一部分。持续的创新不仅可以帮助酒店在竞争中保持一定的优势，同时也能提升酒店的品牌形象，吸引新顾客，提高老顾客的回头率。

3. 加强竞争分析。在高度竞争的宴会酒店市场中，充分了解和分析竞争对手的战略举措对于保持市场地位至关重要。定期的竞争分析可以帮助酒店明确竞争对手的服务优势、市场定位、价格策略，甚至是客户反馈和品牌声誉。把握了这些信息后，宴会酒店就能够发现自己在市场上的绝对优势与相对不足，据此调整服务范围，引入创新元素，或是采用更有针对性的营销策略。善于从竞争对手中吸取教训和获得灵感，同时在必要时借鉴行业最佳实践，能够帮助酒店在市场中保持领先。

4. 多元化市场渠道。宴会酒店的市场渠道不应局限于传统的直销或中介销售等单一方式。随着电子商务和互联网的发展，顾客预订宴会服务的途径变得更加多样化。因此，拓展在线预订平台、与旅游代理商建立合作伙伴关系，以及加强社交媒体的市场推广等都是必要的。多渠道的市场接触可以提高宴会酒店的知名度，扩大潜在顾客基础，并降低因依赖单一渠道而可能带来的市场风险。此外，酒店还应通过市场细分战略，瞄准不同的目标客户群体，针对性地提供个性化服务，从而在市场中占据一席之地。

5. 强化客户关系管理。良好的客户关系是宴会酒店生存和发展的基石。酒店应通过持续提供优质的服务和卓越的客户体验来促进客户关系的建立和维护，如定期征询客户意见，根据客户反馈调整服务流程，赢得客户的信任。同时，酒店应实施精细化的市场营销，如定制化的邮件营销、专享优惠等，以刺激消费，提高客户满意度，促进客户的再次消费。稳固的客户关系不仅能提高顾客的忠诚度，而且在市场不稳定时，也能成为酒店最可靠的支持，减少市场波动给酒店带来的负面影响。

> **老宋有话说**
>
> ### 在大小城市开宴会酒店的不同风险
>
> 在服务行业,尤其是宴会行业,流量是一个关键的风险因素。为了分析大城市与小城市开宴会酒店的风险,我们可以从总量和供应量两个数据进行考量。
>
> 我们先来看总量。根据数据显示,结婚新人的数量大约是城区人口的7‰,即每1000人每年有7对新人结婚。这个比例在大小城市中应该是相似的。
>
> 我们再来分析供应量。一个宴会厅一年接待60~80场婚礼是比较常见的情况。为了简化计算,我们假设每个厅一年可以接待70场婚礼。在一个10万人口的地区内,如果有10个婚礼堂,那么市场就接近饱和了。同理,在一个100万人口的城市,100个婚礼堂才可能使市场饱和。
>
> 从这两个方面来看,大城市因为人口基数大,即使婚礼堂数量多,市场的饱和点也更高,因此,相对风险较小。此外,大城市的行业自我淘汰率较高,这意味着在大城市中,能否吸引到足够的流量,更多地依赖于企业真正的竞争力和服务质量。
>
> 综上所述,老宋认为在大城市开宴会酒店的风险相对较小,因为大城市的市场容量大,且更依赖于企业的真本事来吸引顾客。

三、运营风险管理

运营风险管理是宴会酒店保障持续运营和客户服务品质的核心环节。这涉及酒店日常活动中的各种潜在的风险,包括人力资源的配置、服务流程的效率、技术系统的稳定性及供应链的可靠性等,所以酒店在管理运营风险时,要做好以下几个事项(如图6-10所示)。

1. 确保人力资源的稳定性和质量。为了维持宴会酒店的卓越服务,首先需要确保拥有稳定且高素质的员工队伍。为此,酒店应当实施严格的招聘流程,筛选出具备相应资格与技能的人才。同时,通过定制的培训计划,不断提升员工的专业能力和服务水平。此外,营造一个积极向

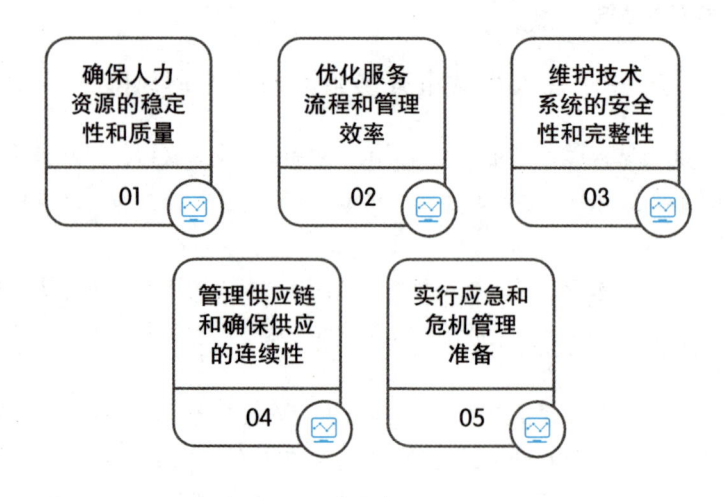

```
┌─────────────┐  ┌─────────────┐  ┌─────────────┐
│ 确保人力    │  │ 优化服务    │  │ 维护技术    │
│ 资源的稳定  │  │ 流程和管理  │  │ 系统的安全  │
│ 性和质量    │  │ 效率        │  │ 性和完整性  │
│      01     │  │      02     │  │      03     │
└─────────────┘  └─────────────┘  └─────────────┘

┌─────────────┐  ┌─────────────┐
│ 管理供应链  │  │ 实行应急和  │
│ 和确保供应  │  │ 危机管理    │
│ 的连续性    │  │ 准备        │
│      04     │  │      05     │
└─────────────┘  └─────────────┘
```

图6-10 管理运营风险的五个重要事项

上的工作氛围,以及建立有效的激励与奖励机制,可以极大地提高员工的工作满意度和忠诚度。这样不仅能够减少员工流失率,还能激发员工的工作热情,提高工作效率,从而降低因人力资源不稳定或素质不高而带来的运营风险。

2.优化服务流程和管理效率。宴会酒店的服务流程必须经过精心设计和不断优化,以确保高效、准确地满足顾客需求。管理团队应定期评估并改进服务流程,消除不必要的步骤,简化操作,以减少服务延迟和错误的可能性。采用现代质量管理工具,如六西格玛或精益管理,可以帮助监控服务质量,并确保所有服务环节都符合既定的标准。对于任何偏离标准的情况,应及时进行调整和纠正,以保证服务的连贯性和一致性。

3.维护技术系统的安全性和完整性。在数字化时代,信息技术系统对于宴会酒店的运营相当重要。因此,保护IT系统免受安全威胁,确保系统的稳定运行和及时更新是不可或缺的。酒店应采取多层次的安全措施,包括定期进行数据备份、安装和更新防病毒软件、实施网络安全策略等,以防止数据泄露或系统故障。同时,还应定期对员工进行信息安全培训，提高他们对潜在网络威胁的认识，从而减轻由技术问题引起的风险。

4. 管理供应链和确保供应的连续性。供应链的稳定性直接影响到宴会酒店能否提供高质量的服务。因此，酒店需要精心规划库存，确保食材和其他必需品的充足供应。选择信誉良好、可靠的供应商是关键，同时也需要建立多元化的供应商网络，以便在某一家供应商出现问题时，能够迅速切换到备选供应商。此外，定期评估供应链的表现，及时调整采购策略，可以有效管理供应链风险，确保酒店运营不受供应中断的影响。

5. 实行应急和危机管理准备。面对可能发生的自然灾害、火灾、设备故障等紧急事件，宴会酒店必须制订全面的应急预案和危机管理策略。这包括建立应急响应团队，构建详细的应急流程，以及进行定期的演练，确保每个员工都了解在紧急情况下的行动方案。同时，酒店还应配备必要的应急设施和工具，如消防设备、急救包等，以提高应对突发事件的能力。通过这些准备工作，酒店能够在面临危机时迅速反应，最小化损失，保障顾客和员工的安全。

> **老宋有话说**
>
> ### 宴会酒店风险管理的三大要点
>
> 宴会酒店最大的风险莫过于没有人来你家办婚礼。做到这三点，这事儿永远都不会发生。
>
> 1. 保持合理的价格水平。无论婚庆还是宴席，价格定位必须考虑当地市场的接受能力。即使是在开业初期投入较大或后期进行了翻新改造，酒店的收费也应保持在当地人能够接受的范围内。这有助于确保当地居民对酒店的持续青睐。

2.稳定菜品和服务品质。菜品的味道不一定要非常出色，但必须是可口的，不能让顾客感到不满。同时，服务不必过度奢华，但基本服务必须得到保障，避免任何可能引起顾客反感的情况。

3.维持酒店的整体档次。这一点是最为关键的，酒店在当地的整体档次和声誉需要始终保持在前列。这直接关系到前两点的实施效果。如果无法保持高档次的声誉，即使价格合理、菜品和服务品质稳定，也难以吸引和保留顾客。

四、突发事件风险管理

宴会酒店的突发事件风险管理至关重要，因为突发事件可能随时发生，而且后果严重，这包括自然灾害、健康危机、安全事故等。以下是宴会酒店应对突发事件的风险管理要点（如图6-11所示）。

01 制订全面的应急响应计划
02 进行定期的安全演练
03 建立及时的信息传递机制
04 加强与当地应急部门的合作
05 为经济损失预设风险缓解措施

图6-11 应对突发风险的五个管理要点

1.制订全面的应急响应计划。宴会酒店作为公共聚集场所，可能面临各类突发事件，如火灾、自然灾害或其他紧急情况。为了能够迅速有效地应对这些情况，制订全面的应急响应计划非常重要。宴会酒店的应急计划应包括具体的紧急行动程序,如初期火灾应对、人员疏散、医疗紧急处理等。应急响应计划应详尽地规定每一步行动,并分配相应负责人。此外,紧急疏散路线图应在酒店清晰标示,并定期更新。酒店还需要准备足够的救护工具,比如灭火器、急救包、备用电源等。关键人员名单和联系方式应及时更新,并可随时使用,以确保在关键时刻能够联系到。

2. 进行定期的安全演练。通过定期组织安全演练,宴会酒店能够确保每个员工都了解紧急事件发生时的正确行动步骤。这些演练包括火警演习、地震疏散演练、安保演练等。在模拟的紧急情况下,员工能通过亲身实践学习如何迅速反应、如何疏导客人及如何使用救援设备。此外,演练还能够帮助识别应急响应计划中的不足之处,以供后续改进。安全意识的提高和演练的定期进行可以显著降低实际发生紧急事件时的风险及损失。

3. 建立及时的信息传递机制。紧急情况下,有效的信息传递是协调救援行动和减少混乱的关键。宴会酒店必须有一个稳定的通信系统,以确保在任何紧急情况下都能迅速传递关键信息。这可以是内部的广播系统、移动通信设备或其他迅速传达命令和信息的方式。宴会酒店还应建立紧急情况下的信息发布策略,以准确、及时地向客人和员工通报情况,减少恐慌。为了确保信息在适当的时候传递给适当的人,应急通信计划还应包括备用通信手段,以应对主要通信系统失效的情况。

4. 加强与当地应急部门的合作。宴会酒店应与当地的消防队、医院和公安局等应急服务部门建立互助的合作关系。这样的合作可为酒店提供快速的应急支援,比如消防员在火灾情况下的迅速响应、医疗机构在人员受伤时的紧急救助等。此外,与当地应急部门的协作也可以帮助宴会酒店获得专业的安全培训资源,以提高员工处理危机事件的能力。酒店还应参与到当地的灾害和紧急响应规划中,确保其应急计划与当地的应急体系相协调,实现资源共享和互相支持。

5. 为经济损失预设风险缓解措施。虽然宴会酒店的首要关注点是保障人员安全，但同时也应采取措施以防止或减少可能的经济损失。酒店可通过购买适当的保险，覆盖包括火灾、自然灾害、业务中断等可能导致经济损失的风险。此外，酒店也应有一套经济风险评估和监测体系，及时识别和处理潜在的财务风险。还应制订好固定资产和库存的保护计划，以及可能需要的紧急财务援助措施。通过这些策略，即便在面临灾害或紧急情况时，宴会酒店也能尽量减少经济损失，快速恢复运营。

Hotel Banquet

第七章 眼界与足迹

探索并预测宴会酒店的远征之旅

第一节　发展猜想：预测宴会酒店的跃进路径

一、技术创新驱动

在宴会酒店行业，技术的浪潮正不断推动服务质量和经营效率的提升。无论是在客户服务的细节处理上，还是后台管理的效率提升中，技术创新始终扮演着核心角色。为了不断适应竞争激烈的市场环境，宴会酒店正遵循着技术驱动的跃进路径，引入各项创新技术以满足消费者日益增长的期望。从人工智能到虚拟现实，各种先进技术的融合正为宴会酒店行业带来全新的商业机会和客户体验（如图7-1所示）。

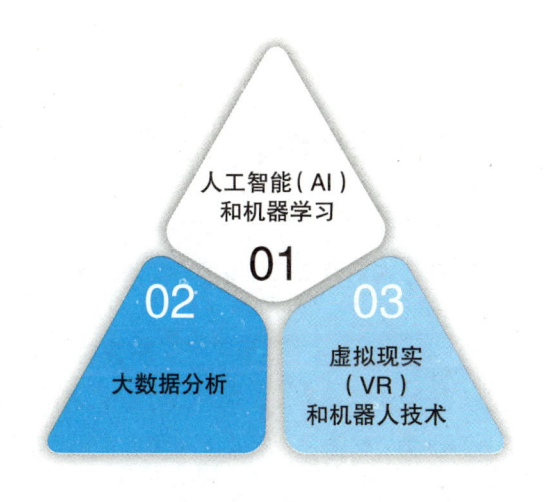

图7-1　酒店行业常用的三种先进技术

1. 人工智能（AI）和机器学习。人工智能（AI）和机器学习的应用将成为宴会酒店行业颠覆性进步的驱动力之一。比如，AI 能够通过分析顾客的历史数据和行为模式为其推荐个性化的服务选项，提升客户体验。同时，机器学习算法可优化库存管理和定价策略，进一步涵盖能源管理以提升整体的运营效率。

2. 大数据分析。大数据分析将在宴会酒店的营销策略和市场趋势预测中起关键作用。通过精细化的数据分析，酒店能够更好地了解客户需求，优化营销效果，精确设定价格，以及提前识别并应对市场的波动。数据分析的深入应用将使宴会酒店能够更加精准地制订和执行商业策略。

3. 虚拟现实（VR）和机器人技术。虚拟现实（VR）技术和机器人技术的集成将为宴会酒店带来创新的服务模式。VR 可以为客户提供虚拟场地参观，而机器人在日常清洁和客户服务中的应用可以进一步提高服务质量和效率。VR 和机器人技术的结合，能够创造出引领行业的独特服务体验，同时降低人力成本。

老宋有话说

宴会行业的三大转型

随着社会的发展和生活水平的提高，宴会行业正经历着显著的转型。这一转型过程不仅反映了人们对于生活质量的追求，也揭示了消费观念的深刻变化。

1. 从简单的餐饮到综合体验。10 年前，人们参加宴会的主要目的在于食物本身，对环境和仪式不太关注。然而，随着生活水平的提高，人们对宴会的要求不再局限于"吃席"，而是开始追求更全面的体验。

> 2. 从体验美食到追求排场。随着经济的进一步发展，宴会逐渐演变为展示个人或家庭地位的场合，场地、仪式和菜品都体现了对奢华和气派的追求。这表明人们的生活水平有了显著提升，开始追求更大的面子和社交地位。
>
> 3. 从豪华场面到精致仪式。当社会进入一个更加成熟和理性的阶段，宴会的重点转向了社交和仪式感。这时，人们不再单纯用金钱来装点门面，而是更注重宴会主题与仪式的契合度，追求有意义的社交体验和个性化的表达。这种变化预示着一个时代的繁荣。

二、行业标准化

宴会酒店行业不断竞争，大浪淘沙后，生存下来的宴会酒店必定制定行业新标准。随着客户需求的不断提升及外部环境的影响，酒店行业的新标准正在被重新书写。这些新标准不仅塑造了消费者的预期，同时也成为酒店选择和生存的关键。宴会酒店必须拥抱变化，不断提升服务质量，并注重客户体验和安全需求。在全球健康形势的背景下，安全与卫生标准不断向前推进，成为每一家宴会酒店都需要严肃对待和投入资源的领域。预计未来，满足严格的健康卫生要求将成为宴会酒店的基本准则。

1. 制定行业新标准。在激烈的竞争和客户需求日益多样化的双重压力下，宴会酒店正被迫制定并遵循行业的新标准。这些新标准包括更加注重体验化、个性化和智能化的服务。只有那些在服务水平、设施条件及客户关怀上不断进步的宴会酒店，才能够在这场市场竞争中出类拔萃，并获取消费者的青睐。

2. 高标准培养客户预期。随着行业标准的提升，顾客的预期自然也随之升高。宴会酒店在提升服务质量和卫生安全的同时，也在无形中培养着顾客对于高质量服务的期望。只有达到或超越这些预期的酒店，才能在未来的市场中占有一席之地。

3. 实施严格的卫生管理措施。在公共健康事件影响广泛的今天，宴会酒店行业更注重卫生安全标准，预计会实施更为严格的管理措施。例如，常态化的消毒流程和空气过滤系统将成为标准配置，这不仅能保障员工和顾客的健康安全，还能增强顾客对酒店的信任感。

4. 引入非接触式服务技术。为减少细菌、病毒传播的可能性，宴会酒店需要引入更多的非接触式服务技术。从自动化入住系统到智能服务机器人，这些技术的应用能够降低人员接触频率，确保服务过程中的安全。同时，非接触技术也为宴会酒店节约了人力成本，提高了运营效率。

> **老宋有话说**
>
> ### 宴会酒店定位的四大关键要素
>
> 在宴会酒店行业中，为了确保即时盈利并维持长期竞争力，开店前的定位需解决以下四个核心问题。
>
> 1. 即时盈利性。酒店最好选择目前流行且大众可接受的装修风格，如星空、海洋、水晶厅等，以满足当前市场的需求，确保开业初期就能吸引顾客，实现盈利。
>
> 2. 未来趋势适应性。考虑到年轻人的审美趋向简约，装修设计应避免过度复杂，可以采用主仪式区重点装饰与少量花艺点缀相结合的方式，保持空间的简洁与时尚。同时，可以通过引入固定色系的道具和花艺，来增强设计的持久魅力。
>
> 3. 长期升级的成本控制。在初始投资时，就应确定以硬装为主、软装为辅的装修方案，这样在未来3~5年，只需通过更换或升级软装即可轻松实现风格的更新，从而降低长期的维护和升级成本。

4. 整体档次定位。从周边环境到外立面装修，选择经典且具有特色的整体风格，如欧洲城堡、地中海、罗马宫殿或简约海岛等风格，以确保店铺的高端形象。大堂和外观装修应保持一致的风格，并通过色彩的巧妙运用，创造出既丰富又温暖的空间感受。

三、客户需求多元化

在当今服务行业尤其是宴会酒店领域，客户需求的多元化成了转型升级的重要推动力。随着消费者对个性化和定制化服务需求的增加，宴会酒店必须创新服务模式，以满足从文化体验到企业团建，再到健康养生的广泛需求。新一代消费者对科技和时尚的偏好，进一步驱使酒店业将这些元素融入服务和设计中，提供更潮流、更智能的宴会体验。个性化和现代化成为当前及未来宴会酒店发展的关键词（如图7-2所示）。

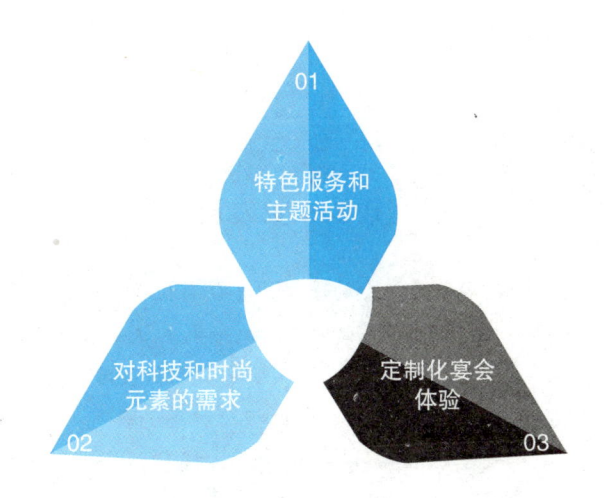

图7-2 未来酒店行业的三种客户需求

01 特色服务和主题活动
02 对科技和时尚元素的需求
03 定制化宴会体验

1. 特色服务和主题活动。为了吸引客户并满足他们多元化的需求，宴会酒店需要开发一系列具有特色的服务和主题活动。这可能包括以地域文化为背景的宴会体验,让客人在享受美食的同时了解当地风情,或者提供团队建设活动,增强企业团队的凝聚力。此外,酒店还可能开设健康养生主题的活动和配套服务,比如瑜伽课程、有机餐饮等,以契合人们对健康生活方式日益增长的关注度。

2.对科技和时尚元素的需求。随着年轻一代消费者成为市场的主力军,他们对于科技和时尚元素的需求也开始影响宴会酒店的服务模式。这意味着酒店需要采用最新科技,如增强现实(AR)和虚拟现实(VR),为客人提供科技感十足的现代化体验。同时,酒店的设计和服务也需要保持时尚潮流,以吸引年轻消费者。

3.定制化宴会体验。宴会市场的激烈竞争要求酒店能够提供定制化体验来满足客户的个性化需求。基于创意和私人定制的宴会主题、菜单设计和装潢布置已成为吸引高端客户的关键。宴会酒店需要积极倾听顾客的个性化需求,并提供超越期望的服务和体验,从而创造独一无二的宴会记忆。

老宋有话说

宴会酒店的未来发展趋势

随着社会的变迁和消费观念的进步,宴会酒店行业也将面临重大的转型。从过去几十年的发展趋势来看,国人对婚礼的认知与追求经历了显著变化。

20世纪60年代至90年代:婚礼被视为神圣的仪式,重在亲朋好友的见证。

2000年前后:婚礼变得更加多元化,注重餐饮、穿着、交通和布置等细节,成为新人共同生活的起点及社交展示的场合。

近十几年:消费者开始更加理性地考虑婚礼预算。

展望未来,宴会酒店业将可能面临以下发展态势。

> 1. 消费者趋向理性。随着消费者变得越来越理智，重视面子的奢华婚礼将受到挑战。未来，更实惠、性价比更高的婚礼服务可能会更受欢迎。
> 2. 婚礼主题酒店兴起。传统的酒店加婚庆公司的模式正在被更具特色和个性化的婚礼主题酒店所取代。这种一站式的服务更能吸引追求便利和特色的新一代年轻人。
> 3. 行业发展不断演变。行业将继续发展，但核心仍然是满足新人对于婚礼仪式感的追求。提供定制化、有纪念意义的婚礼体验将成为关键。
> 4. 适应变化是生存之道。行业内的经营者需要与行业的发展趋势同步，及时调整服务和经营模式，以应对消费者需求的变化，确保在市场竞争中保持领先。

四、同质化加剧

在宴会酒店行业内，同质化竞争的问题日益突显。随着行业内竞争对手之间服务和产品日趋相似，宴会酒店之间的差异化优势正逐渐缩小。这一现象不仅降低了企业的利润空间，也使得消费者难以在众多选择中做出决定。因此，打破同质化并创造独特的服务体验成为行业内宴会酒店急需解决的问题。在此背景下，宴会酒店需要探索新的差异化竞争策略，以获得市场的认可和选择。

1. 增强品牌个性。在同质化日益严重的市场中，宴会酒店需要更加明确和强化自己的品牌个性。这可以通过创新的宣传与营销手段来实现，比如采用故事化的品牌推广策略，强调酒店的独特历史背景，或者突出酒店的特定设计理念。通过建立独特的品牌形象，宴会酒店能更好地与目标客户产生共鸣，从而在竞争中脱颖而出。

2. 提供创新服务。宴会酒店可以通过创新服务来应对竞争加剧的挑战。例如，开发专门的宴会主题包或定制化的活动策划服务，以满足顾客对于个性化体验的需求。除此之外，酒店也可以利用最新科技，比如使用智能系统提供更为便捷的预订体验或实现更高效的客户服务管理，从而在众多相似服务中脱颖而出。

3.聚焦客户体验。在提供标准化服务的同时，宴会酒店需要聚焦于提升客户体验。这涉及每一个细节的打磨，从接待到活动结束后的反馈收集，每一步都要确保客户的满意度。通过提供定制化的菜单、个性化的布置，以及精心策划的娱乐项目，宴会酒店可以为顾客创造难忘的宴会体验，从而在同质化的市场中建立其独特的服务优势。

4.重视客户关系管理。在同质化的竞争环境中，维护和发展客户关系变得尤为重要。宴会酒店可以通过建立有效的客户关系管理系统来跟踪客户的偏好和需求，提供个性化服务，从而增加回头客。此外，通过客户关系管理收集的数据可以用于改进服务，优化客户体验，进一步巩固客户忠诚度。

> **老宋有话说**
>
> ## 突破同质化的三大战略
>
> 为了在竞争激烈的宴会酒店行业中脱颖而出，酒店需要深入挖掘并引领顾客的需求。
>
> 1.明确品牌定位。确定独特的品牌特色，并在酒店名称、装修风格及所有宣传材料中一致体现。这样，顾客一听到你的品牌或看到你的酒店，就能立即联想到你的特色和形象。
>
> 2.持续创新与差异化。在满足宴会基本需求的基础上，不断推出新颖的产品和服务，以区别于竞争对手。例如，可以设计独特的入场动线，为新人、宾客和员工提供完全分离的通道，从而提升整体体验。
>
> 3.关注用户体验和服务。在同质化竞争中，单纯的产品或服务已不足以打动消费者。他们更看重整个消费过程和完整的服务体验。因此，宴会酒店应提供超出顾客期望的服务，如全面操办婚礼细节，因为"我们比你自己更了解你的需求"。

五、市场垄断化

随着资本的大量涌入，宴会酒店行业面临着前所未有的发展机遇和挑战。资本的流动正逐步改写行业格局，使市场向垄断化倾斜。小型宴会酒店在竞争中可能处于不利地位，而大型企业则因其标准化和国际化的运营体系更易于扩张（如图7-3所示）。通过加盟、合作或品牌输出，这些强大资本有望推动宴会酒店行业的交叉市场融合，同时吸引新的客源。市场的这一变化不仅影响了企业的经营策略，也对消费者的选择产生了深远的影响。

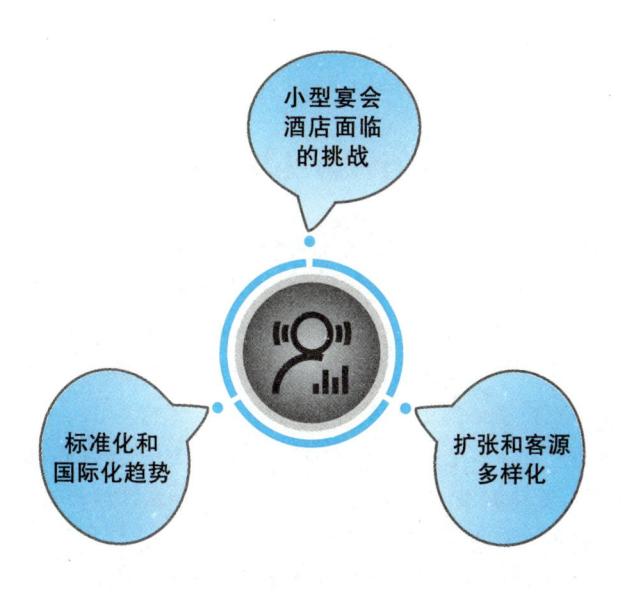

图 7-3 市场垄断化的三个重要影响

1. 小型宴会酒店面临的挑战。资本流入宴会酒店行业的同时，小型宴会酒店面临着严峻的挑战。缺乏足够的资金和规模效应，这些小规模经营者难以与新兴的、资本雄厚的宴会酒店竞争。他们可能无法提供与大型连锁酒店相媲美的价格折扣、设施升级和服务创新，这会导致客源流失，甚至被市场淘汰。

2. 标准化和国际化趋势。新的资本流入促使宴会酒店行业向标准化和国际化发展。这些宴会酒店通常拥有统一的服务标准和运营模式，可以保障全球范围内服务的一致性。国际化不仅可以拓宽酒店的客源，也能提高品牌认知度和市场竞争力。

3. 扩张和客源多样化。新入行的宴会酒店倾向于通过加盟、合作或品牌输出的方式不断扩张，进入新的市场。这种商业模式的灵活性有助于快速适应不同地区的市场环境，并吸引更多样化的客源。随着宴会酒店业务的国际化和多元化，客户也能从中获益，享有更广泛的选择和更优质的服务。

老宋有话说

婚礼堂行业的三大发展方向

随着婚礼市场的不断演变，未来三年内，婚礼堂行业将朝着以下三个方向发展，企业需要根据自身优势进行定位和战略规划。

1. 规模优势。品牌在某一城市或城市群中拥有最大的规模，无论是整体品牌还是单个店铺，都能因此赢得客户的信任。规模大可以提供更多样化的选择，吸引更多的消费者。

2. IP优势。与知名星级酒店、产业园区或旅游景区等相关联的婚礼堂，可以利用这些强IP的背书来吸引顾客。客户对于在这样的场所举办婚礼有较高的期待和信任感。

3. 服务优势。对于规模不大、没有强大背景支持的婚礼堂，专注提升服务质量是关键。这包括优化婚庆场地的方案设计、提升酒店外部环境、提高菜品质量和服务水平等，这样可以吸引并维护一群忠实客户。

第二节　自由学院：开放性学习的实践

一、搭建内部学习平台

在不断变化的宴会酒店行业环境中，持续学习和发展不仅是员工个人成长的需要，也是企业持续竞争力的关键。学习管理系统（LMS）为宴会酒店提供了一个革命性的工具，可以有效地进行员工培训和知识管理。通过提供在线课程、研讨会和工作坊，搭建一个内部学习平台，这个平台能够满足不同员工在职业生涯各阶段的学习需求，并且鼓励他们根据个人兴趣自我发展。

1. 在线课程的定制化。通过内部学习平台，宴会酒店能为员工提供一系列的在线课程，这些课程可以根据不同部门和岗位的特定需求进行定制。例如，厨房人员可以参加关于食品安全和新餐饮趋势的课程，而前台服务团队则可学习客户服务技巧和语言交流课程。这种灵活性确保每个员工都能从培训中获益，从而提高整体工作效率和客户满意度。

2. 研讨会和工作坊的互动性。内部学习平台还可以承载各类研讨会和工作坊，以提供互动性更强的学习体验。与在线课程相比，这些活动允许员工直接与培训师或彼此交流，增加学习的动手实践环节，有利于加深理解。工作坊可以围绕解决实际工作中遇到的问题而设计，从而使学习成果直接应用于工作实践。

3. 自主学习的促进。内部学习平台的另一个关键优势是促进自主学习。员工可以根据个人职业规划或兴趣选择课程，不受时间和地点限制。这种自助式的学习方式能增强员工的自我驱动力，为他们提供主导自己学习过程的机会，有助于提高工作满意度并激发创新。

4. 绩效和职业发展挂钩。最后，内部学习平台的学习成果可以与员工的绩效评估和职业发展路径挂钩。学习平台上课程的完成情况和考核成果，可以作为员工晋升、职能转换或专业培训资助的重要依据。这种机制不仅能激励员工积极参与学习，还能帮助酒店管理层识别并培养有潜力的人才。

二、促进跨部门学习

宴会酒店业务的复杂性要求员工不仅在各自的专业领域拥有深厚的知识，还需要对其他部门的工作有所了解。跨部门学习在这样的环境中变得极为关键，它有助于打破固有的部门壁垒，促进不同背景和专长的员工之间的知识共享和合作。当员工对酒店的各个运营环节都有一定的理解时，他们能更好地为客户提供全面的服务，同时也为酒店带来创新的思维和解决问题的新方法。跨部门学习具体方式可以参考以下几点建议（如图 7-4 所示）。

图 7-4 跨部门学习的四种方式

1. 打造全方位的员工培训课程。宴会酒店可以通过设计覆盖多个部门的综合培训课程，让员工了解酒店运营的各个方面。例如，员工可以轮岗到不同的部门学习基本业务流程，理解不同岗位的工作职责，从而构建一个多元化的知识框架。这种全面的培训有助于培养多才多艺的员工队伍，增加工作的灵活性。

2. 鼓励部门间协作项目。通过部门间的协作完成项目，如联合开发新服务或改善客户体验等，员工可以在实际工作中学习并应用跨部门的知识。这不仅增强了团队成员之间的沟通和协作能力，还培养了员工的整体思考能力和问题解决能力。

3. 实施"导师—学徒"制度。宴会酒店可以引入"导师—学徒"制度，让经验丰富的员工指导跨部门的学徒。这种一对一的指导关系有助于传授专有的知识和技能，同时也能加深新员工对酒店业务流程和文化的理解。

4. 开展跨部门竞赛和挑战。组织跨部门的竞赛和挑战活动是另一种促进跨部门学习的方法。通过这些活动，员工可以在竞争和合作中学习到新技能，同时增强部门间的互动和团队精神。这些竞赛和挑战可以是解决实际工作问题的模拟场景，也可以是鼓励创新的大脑风暴会议。

老宋有话说

宴会酒店的四大学习方法

为了在竞争激烈的市场中保持领先地位，宴会酒店需要不断地学习和提升。全国做得好的宴会酒店品牌，都在坚持用这四种学习方法。

1. 内部培训。定期邀请专业讲师对团队进行全面系统的培训，确保团队成员能够持续学习和提升，从而增强整体的竞争力。

> 2. 对标学习。寻找一个值得长期学习和借鉴的品牌作为标杆，全面学习其对客服务的流程和细节，为团队树立一个明确的榜样，使团队有具体的目标去模仿和追赶。
>
> 3. 同行交流。通过与同行的交流和对比，分析自身的运营能力，明确自己的短板和不足，有针对性地进行补充和提升，这样可以更快地学习和进步。
>
> 4. 系统化销售。规范和完善销售人员的工作标准，将盈利的过程标准化。

三、密集式培训和工作坊

为了适应宴会酒店行业的发展和市场变化，不断提升员工的技能和知识是非常重要的。定期举办的密集式培训和工作坊可以为员工提供迅速而深入的学习机会，使他们能够在较短时间内掌握新技能或增强特定领域的专业知识。这些培训通常内容集中，针对性强，由行业专家主导，并可能包括实证研究和案例分析，增加培训的实战价值和应用性。

1. 业界专家指导的课程。业界专家亲自指导的课程是密集式培训的一个重要组成部分。它允许员工直接从业界领袖和专家那里学习最前沿的知识和经验。此外，这些专家可以提供行业示例和最佳实践方案，帮助员工将理论知识应用到实际工作中，促进个人职业发展。

2. 颁布证书的专业培训。宴会酒店可以提供颁发认证证书的专业培训，这些证书不仅能作为员工技能提升的认证，也能提升酒店的整体专业形象。完善的证书类培训可以增加员工的职业资格认证，让员工在职场中具备竞争优势，同时可以提升员工的工作满意度和忠诚度。

3. 特定主题研讨。针对特定主题如顾客关系管理或饮食文化的研讨会，可以更加深入地探讨宴会酒店业的细分领域。这类研讨会和工作坊可以刺激员工的创造力和批判性思维，同时促进团队成员之间的沟通和协作能力，从而提高服务质量和客户满意度。

> **老宋有话说**
>
> ### 宴会酒店老板的三种有效学习方式
>
> 在快速变化的宴会酒店行业中，持续学习是保持竞争力的关键。以下是三种有效的学习方式，能帮助宴会酒店老板提升自身能力。
>
> 1. 行业交流。与行业内的专家和经验丰富的人士进行深入交流，包括员工、朋友等，以提升对行业的基本认知和对盈利逻辑的理解。这种方式特别适合刚入行的老板，可以帮助他们快速了解行业现状。重要的是要多方听取意见，避免固守单一观点。
>
> 2. 学习优秀案例。向成功的店铺学习，尤其是那些在全国范围内知名的店铺。这些店铺虽然不适合简单模仿，但可以作为宝贵的参考。对于同一级别的城市中表现出色的店铺，应该多参观几家，通过比较和思考，提炼出适合自己的经营策略，并据此优化自己的店铺。
>
> 3. 参加行业峰会。积极参与行业的高峰论坛和活动，这些场合汇聚了全国优秀的宴会酒店设计机构、运营机构，以及寻求交流、学习和合作的企业和个人。这不仅是拓宽视野的机会，也是建立有价值的联系和寻找合作伙伴的平台，非常适合有志于提升和发展业务的老板。

四、鼓励自主和终身学习

在快速发展的宴会酒店行业中，员工教育不再局限于一次性的培训或者短暂的课程。越来越多的企业认识到容纳自主性和促进终身学习的重要性。宴会酒店通过建立鼓励自主学习的文化和结构，不仅能增强员工的职业技能，还能激发他们的创新能力，长远而言，这些都能显著提升服务质量和顾客满意度。酒店通过向员工提供时间上的灵活性和学习资源，可以形成一个积极进取、永不满足的工作氛围（如图7-5所示）。

图 7-5　酒店支持自主学习的四种方式

1. 引入自主选择的教育课程。宴会酒店可以为员工搭建一个平台，让他们可以自由选择感兴趣的教育课程进行学习。无论是在线课程、远程学习，还是在职学习项目，酒店要让员工能够根据个人的职业规划和兴趣自主学习并专向发展。

2. 支持参与专业会议和研讨。参与行业相关的会议和研讨不仅能够帮助员工获取最新的市场信息和专业知识，还能帮助他们建立起重要的职业关系网络。宴会酒店应当鼓励员工出席这些活动，并在可能的情况下提供资金或时间上的支持。

3. 提供学习发展资金。宴会酒店可以考虑设立员工学习基金或教育津贴，以资助有志向提升自身的员工进行进一步的专业培训或学历教育。这不仅是对员工的一种投资，更是提高企业人力资本的有效方式。

4. 建立终身学习的激励制度。通过设立奖励措施，如升职、薪酬增长或额外假期等，来激励员工持续学习和自我提升。员工在感受到企业对其个人发展的重视和支持后，将更加积极投身于工作和学习中。